ビジュアル版

一冊でつかむ
江戸の町と暮らし

監修 安藤優一郎

河出書房新社

はじめに

江戸時代は初期と幕末を除き、2世紀以上にわたって国内で戦乱が起こらなかった稀有な時代です。これほどの長期間にわたって泰平《たいへい》の世が続いたことは、世界史においてもほかに例をみません。そんな2世紀以上もの政治・社会の安定が経済を著しく発展させ、華やかな文化を育みました。

その大きな要因としては、戦国時代の勝者となった徳川家が将軍として幕藩《ばくはん》体制と称される強力な支配システムを構築したことが挙げられます。これにより政治や社会が安定しました。外交・通商関係を限定したことも外せません。いわゆる鎖国《さこく》です。その結果、内需中心で経済が発展し、文化が熟成されていきました。

江戸時代というと、封建的な身分制度に縛られた柔軟性のない社会とみられがちですが、その実態は違います。政治をリードしたのは武士ですが、経済や文化をリードしたのは町人でした。

戦国や幕末に代表される激動の時代は武力をもつ武士が社会の主役だったのに対し、江戸時代は必ずしもそうではありません。町人が経済や文化の担い手として表舞台に登場し、社会を活性化、そして繁栄させた時代だったからです。そんな江戸の繁栄をもたらした担い手の一人に、蔦屋重三郎《つたやじゅうざぶろう》（通称・蔦重《つたじゅう》）という人物がいました。

蔦重は江戸時代中頃にあたる18世紀後半に活躍しました。なんの後ろ盾もないまま、江戸の華・吉原で「耕書堂《こうしょどう》」という名の書店、さらに出版社を起こし、話題作を次々と出版します。そして江戸のメディアをリードする敏腕プロデューサーとして、出版界は言うに及ばず、江戸の社会を動かす存在へと成長しました。

　蔦重が活躍できたのは、その能力はもちろんですが、江戸時代に生まれたことが大きかったと言えるでしょう。泰平の世のもと、町人が主役となって社会が繁栄した時代だったからこそ、出版を通じて江戸の社会をリードすることも可能だったのです。

　本書は、蔦屋重三郎のような魅力ある人物が才能をいかんなく発揮できた江戸時代を理解するための一冊です。地図やカラフルな浮世絵を交えながら、江戸の町とその暮らしをわかりやすく解説しています。大河ドラマをはじめとする時代劇や時代小説がより楽しめる内容にもなっています。本書を通じて、華やかな江戸の世界をご堪能《たんのう》ください。

安藤優一郎

もくじ

第3章 江戸の日常生活をのぞき見る

第4章 江戸のしくみとルールを知る

※本書の貨幣換算については、物価が比較的安定していた文化・文政年間（1804～30年）を基準としました。幕府の基準である1両＝銀60匁＝銭4000文とし、1文＝30円、金1両＝12万円と設定して、現代の価格に換算しています。

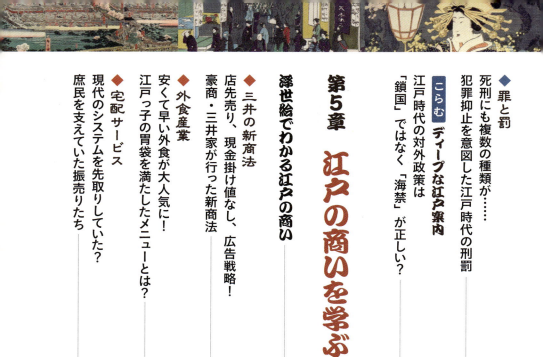

序章

蔦屋重三郎が行く

江戸の町人文化をリードし続けた「蔦重」こと蔦屋重三郎の功績

蔦重のポイント解説

わたくし、蔦屋重三郎は18世紀半ばの江戸で活動した出版人です。ないない尽くしの生まれから江戸の出版王へと成り上がり、時代の寵児になりました

メディア王の登場

18世紀半ば、江戸は人口100万人超の大都市に発展し、経済成長も加速。町人文化が花開き、自由闊達《かったつ》な空気があふれていました。

そんな江戸の町で〝メディア王〟となり、時代をリードしていたのが「蔦重《つたじゅう》」こと蔦屋《つたや》重《じゅう》三郎《ざぶろう》です。

蔦重は現在の浅草寺《せんそうじ》裏に位置していた日本最大の遊郭であり、歓楽街でもあった吉原《よしわら》の生まれです。吉原の貸本屋《かしほんや》から身を起こして書籍の編集、出版、プロデュース業へと乗り出すと、文化人たちと交流を重ねながら人脈を広げていきました。

そして「黄表紙《きびょうし》」といわれる挿絵《さしえ》入りの本でヒット作を連発。狂歌本《きょうかぼん》や浮世絵《うきよえ》でも成功し、江戸の出版王へと成り上がったのです。

群を抜くプロデュース能力

蔦重は発想力や行動力だけでなく、他人の才能を見抜く力も頭抜けていました。その力によって喜多川歌麿《きたがわうたまろ》、葛飾北斎《かつしかほくさい》、山東京伝《さんとうきょうでん》、曲《きょく》亭馬琴《ていばきん》などを見出します。のちに巨匠として評価されることになる作家たちです。

謎の浮世絵師として有名な東洲斎写楽《とうしゅうさいしゃらく》をプロデュースしたのも蔦重です。写楽の活動期間はわずか10ヶ月あまりと非常に短く、忽然《こつぜん》と姿を消してしまいましたが、独特の役者絵《やくしゃえ》などが当時の社会に強烈なインパクトを与えました。

時代の寵児となった蔦重は、その自由奔放さや政治・社会風刺のスタンスが幕府の反感を買い、絶版や罰金刑などの弾圧を受けることになります。しかし、反権力を貫き続け、町人文化の発展に大きく寄与したのです。

蔦重はこんな人

時代の寵児

町人文化が花開いた18世紀半ばの江戸において才能を開花させ、さまざまなメディアを通じて時代をリードし続けた

江戸の出版王

吉原の貸本屋から身を起こし、その後、書籍の編集や出版業を開始。ヒット作を連発し、江戸の出版王へと成り上がった

敏腕プロデューサー

喜多川歌麿、東洲斎写楽、山東京伝、葛飾北斎、曲亭馬琴といった作家たちを見出し、日本文化の発展に寄与した

反骨の人

自由奔放さと政治風刺が幕府に睨まれ、執拗な弾圧を受けるが、最後まで反権力のスタンスを貫き通した

TSUTAYA（蔦屋書店）

書店･レンタルビデオ大手のTSUTAYA。1983年に大阪で創業したTSUTAYAは、創始者･増田宗昭氏の祖父が営んでいた置屋の屋号である「蔦屋」と、蔦重の両方にあやかって名付けられた

蔦屋「耕《こう》書《しょ》堂《どう》」

蔦重が創始した出版社兼本屋の耕書堂。日本橋通油町（現在の中央区日本橋大伝馬町）にあり、洒落本や浮世絵などを扱っていた

『画本東都遊 紙草子』葛飾北斎（東京都立図書館蔵）

蔦屋重三郎の人間関係

版元・作家の関係

蔦重は版元として戯作者、絵師、狂歌師など多くの作家とつながり、彼らを世に出した

戯作者・絵師

山東京伝《さんとうきょうでん》

黄表紙・洒落本作家。寛政の改革で洒落本が発禁になり、50日の手鎖の刑を受けた

絵師

北尾重政《きたおしげまさ》

山東京伝・曲亭馬琴らの戯作の挿絵を多く手がけた

絵師

葛飾北斎

蔦重とは若い頃に関わる。黄表紙や狂歌絵本も出版

絵師

東洲斎写楽《とうしゅうさいしゃらく》

謎の多い絵師。リアルな役者絵で衝撃を与えた

父

丸山《まるやま》重助《じゅうすけ》

母

広瀬《ひろせ》津与《つよ》

蔦屋《つたや》重三郎《じゅうざぶろう》

通称・蔦重。江戸の出版・メディア王。江戸中期の文化を牽引し続けた

養家

喜多川《きたがわ》

吉原の茶屋・蔦屋を経営。蔦重は幼少時に養子となる

使用人

蔦重は戯作者や絵師たちが売れない時代から庇護や援助を与えた

戯作者

曲亭《きょくてい》馬琴《ばきん》

山東京伝の弟子。黄表紙からはじめ読本界の第一人者となる

戯作者

十返《じっぺん》舎一九《しゃいっく》

弥次さん・喜多さんで有名な『東海道中膝栗毛』の作者

狂歌サロン

狂歌本を出版するためサロンなどで狂歌師と交流を深める

狂歌師

宿屋飯盛《やどやのめしもり》

狂歌本の撰者を担当。その名は国学者・石川雅望の狂名

狂歌師

大田南畝《おおたなんぽ》

幕臣、狂歌師、黄表紙の作者。狂歌集の編纂にも携わっていた

絵師

喜多川歌麿《きたがわうたまろ》

美人画の浮世絵で一世を風靡。黄表紙や狂歌絵本の挿絵も描く

戯作者・絵師

恋川春町《こいかわはるまち》

黄表紙の作風を確立した作家。寛政の改革で弾圧を受けた

戯作者・絵師

朋誠堂喜三二《ほうせいどうきさんじ》

秋田藩の江戸留守居役を務めつつ吉原関連本や黄表紙に関与

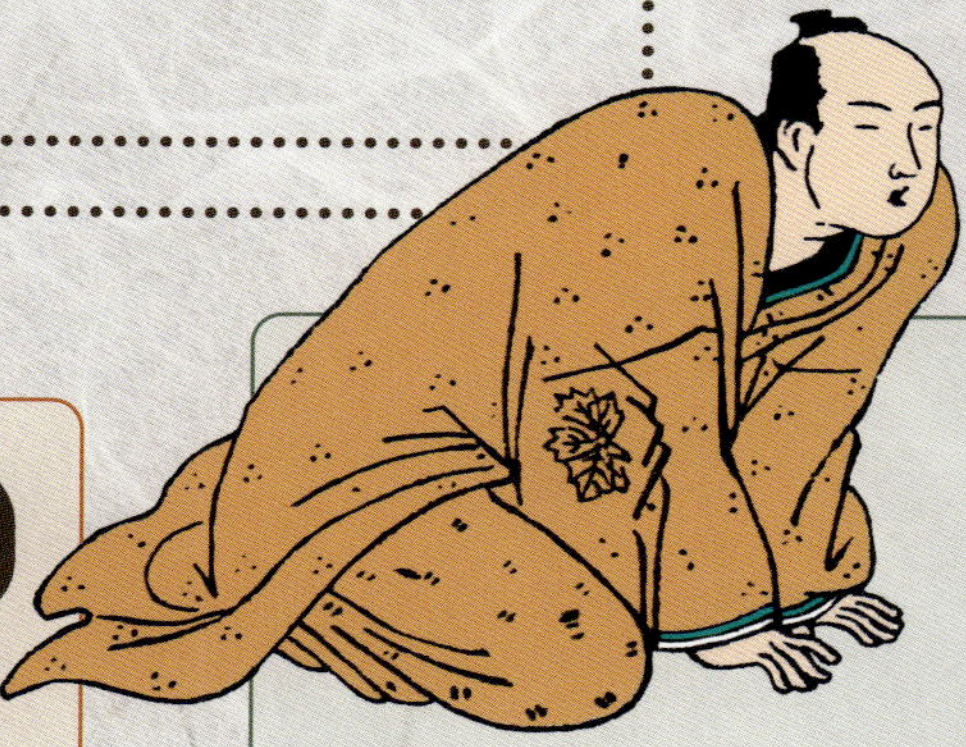

幕府

田沼時代の蔦重は自由闊達に活動できたが、定信時代は締め付けを受けた

老中

松平定信《まつだいらさだのぶ》

田沼時代とは対照的に倹約政策を実施し、社会風俗を匡正

老中

田沼意次《たぬまおきつぐ》

経済を発展させ、その余裕で文化を活性化させた

ライバルの版元

江戸にはいくつかの有力な版元があり、蔦屋のライバルは鱗形屋や鶴屋などがいた

版元

鶴屋《つるや》
喜右衛門《きえもん》

1620 年代から幕末まで続いた老舗の版元。草双紙や錦絵中心に刊行

版元

鱗形屋《うろこがたや》
孫兵衛《まごべえ》

1650 年代の創業。蔦重の出発点でもあるが、重板問題を機に衰退

版元

西村屋《にしむらや》
与八《よはち》

江戸を代表する版元のひとつ。2 代目は養子で鱗形屋孫兵衛の子とされる

絵師

鳥居清長《とりいきよなが》

西村屋と組み、美人画で一世を風靡。歌麿のライバル

本屋から
版元へ

吉原生まれの蔦重が吉原遊郭のガイドブックで大成功する

蔦重のポイント解説

出版人としてのスタートは吉原の入口近くに開いた小さな本屋でした。『吉原細見』という遊客向けのガイドブックが評判になり、注目を浴びたのです

貸本屋からスタート

蔦屋重三郎は寛延《かんえい》3（1750）年正月7日に父・丸山重助《まるやまじゅうすけ》と母・津与《つよ》の子として吉原に生まれました。尾張出身の重助は吉原で働いていたと考えられており、津与は江戸生まれでした。

しかし、重三郎が7歳のときに両親が離別すると、重三郎は吉原で茶屋を営む商家・蔦屋の養子となりました。蔦屋重三郎の誕生です。

やがて成長した蔦重は安永《あんえい》元（1772）年、23歳のときに茶屋を営む蔦屋次郎兵衛《じろべえ》の援助を受けて吉原大門口に耕書堂《こうしょどう》を開店。耕書堂は本の販売と貸本業との両立でした。その傍ら、遊郭や茶屋に出入りし、さまざまな階層の人々と人脈を築いていきました。

耕書堂のメインの商品は、鱗形《うろこがた》屋《や》孫兵衛《まごべえ》が発行する『吉原細見《よしわらさいけん》』というガイドブックでした。吉原の遊女屋（妓楼《ぎろう》）、遊女の名前、ランキング、料金などを紹介したもので、吉原で遊ぶ際には欠かせない本です。毎年春と秋の2回刊行され、観光客にも土産物として買われたため、隠れたベストセラーになっていたほどです。

『吉原細見』の版元に

蔦重は『吉原細見』を売るだけでは満足せず、コネを生かして自ら取材を行い、改訂本をより質の高いものにしていきます。

そして安永4（1775）年、鱗形屋が上方《かみがた》の版元の本を無断で出版した問題の影響で『吉原細見』を出せなくなると、当時26歳の蔦重はその隙を突くように自ら版元になったのです。

蔦重版『吉原細見』は従来の鱗形屋版より安いうえ見やすいと評判になりました。こうして蔦重は版元として注目を集めはじめたのです。

吉原での蔦重の活動

蔦重の店はここにあった

吉原

『〔東〕都名所〔新〕吉原〔五〕丁町〔弥〕生花〔盛〕全図』歌川広重（国立国会図書館蔵）

『江戸名所八ヶ蹟 新吉原之図 大門』
歌川豊春（アムステルダム国立美術館蔵）

上図は幕府公認の吉原遊郭。蔦重はここで生まれ育ち、23歳のときに多くの客で賑わう吉原大門（左図）の近くに耕書堂をオープン。『吉原細見』というガイドブックの販売を中心に仕事をはじめた

『吉原細見』にみる蔦重の創意工夫

蔦屋版『吉原細見』1795年出版

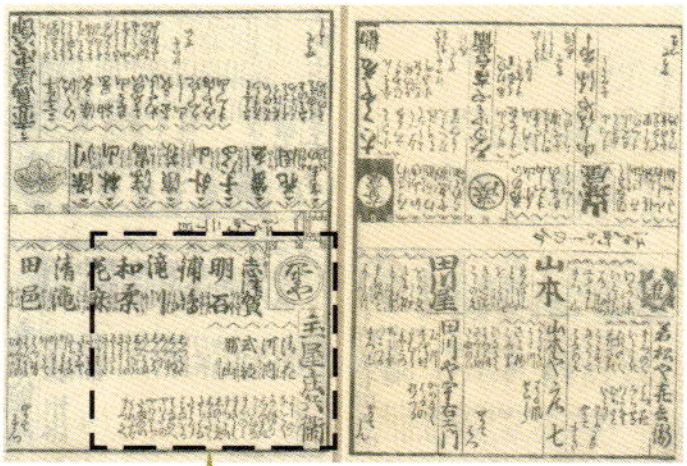

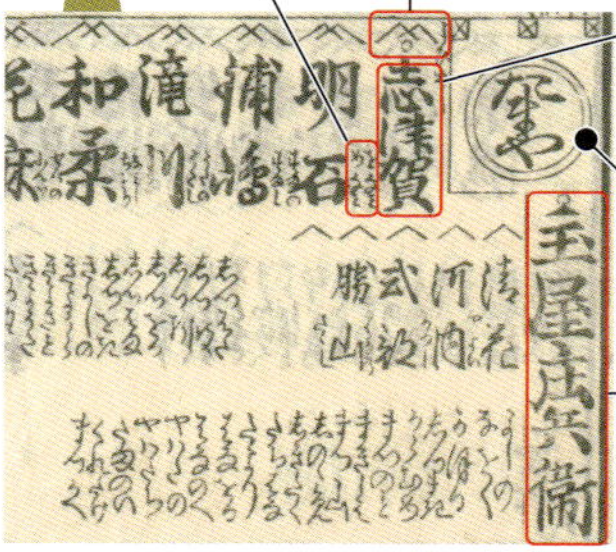

遊女についている娘の名前

遊女のランク（最高位）

遊女名

遊女の名前とそのランクが一目でわかる

遊女屋のマーク

店名と店主名
（玉屋庄兵衛）

基本的なスタイルは鱗形屋版と同じだが、レイアウトを変更してページ内に入る要素を増やすなどして、読者が見やすく、より興味をひくつくりにした

鱗形屋版『吉原細見』1745年出版

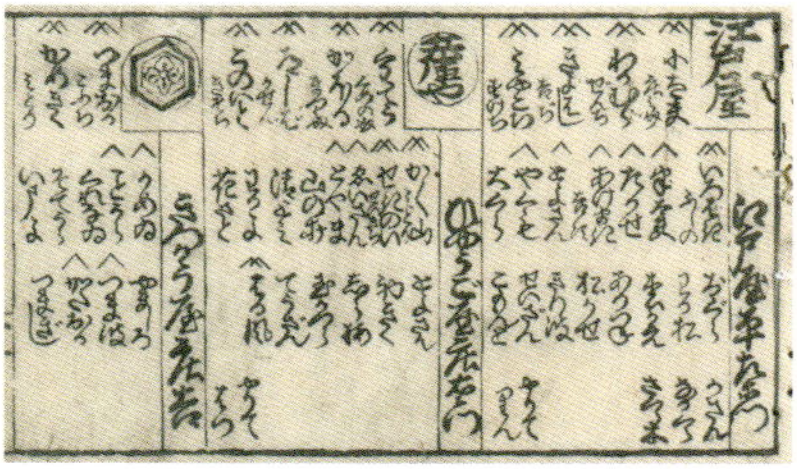

どの店にどんな遊女がいるかを記しているが、掲載されている情報があまり多くなく、魅力的に感じられない

出版業の経営強化

富本節関連本や往来物でも成功し、版元としての足場を固める

蔦重のポイント解説

『吉原細見』は蔦屋版が独占状態となり、スタートダッシュは成功です。その後、富本節の正本・稽古本と往来物にも手を伸ばし、版元としての経営地盤を固めていきました

順風満帆なスタート

蔦屋重三郎が鱗形屋を出し抜く形で出版した蔦屋版『吉原細見』は、次第にシェアを拡大していきます。のちに鱗形屋版も復活しましたが、蔦屋版のほうが人気が高く、天明《てんめい》3（1783）年以降、蔦屋版の独占状態となりました。

実は蔦重は、蔦屋版『吉原細見』を出す前年に最初の出版物である『一《ひと》目《め》千本《せんぼん》』という遊女評判記を出していました。遊女の名前を花に見立てて紹介する内容で、贈答用に使われたとみられています。

版元として順風満帆なスタートを切った蔦重は、その後もさまざまなジャンルの本を出し、事業を拡大していきました。

経営の安定化に成功する

蔦重が吉原関連の本に続いて経営の軸としたものが2つあります。それは富本節《とみもとぶし》の正本《しょうほん》・稽古本《けいこぼん》と往来物《おうらいもの》です。

当時、三味線《しゃみせん》の伴奏による語り物の浄瑠璃《じょうるり》の世界では富本豊前太夫《とみもとぶぜんだゆう》が人気を博し、富本節が流行していました。流行に敏感な蔦重は、富本節を習おうとする人が増えると考え、音曲の詞章を記した正本と稽古本を出版します。

この蔦重の読みが見事に当たり、富本節の正本・稽古本は売れ線のひとつとなりました。

他方、往来物とは寺子屋《てらこや》で使われた教科書のことです。1冊あたりの価格が安く、利益は低かったものの、長期的な需要を見込むことができ、毎年のように摺《す》りを重ねました。

富本節の正本・稽古本と往来物の成功は、蔦屋の経営安定化につながるとともに、次の飛躍の準備をしたのです。

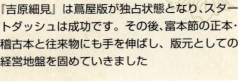

江戸時代に売られていた本の種類

**江戸時代に入ると本の種類が一気に増え、
武士から町人まで多くの人々が読書に親しむようになった**

黄表紙
『金々先生栄花夢』

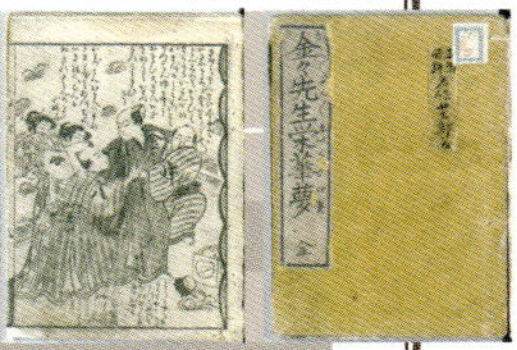

種類		内容
草双紙《くさぞうし》		大衆的な絵入り小説本。ジャンルによって表紙の色が変わり、赤本・黒本・青本・黄表紙などがある
	赤本	赤い表紙。桃太郎、猿蟹合戦、花咲か爺などのお伽噺が多い
	黒本	歴史物語、恋愛譚、浄瑠璃など、さまざまな内容がある
	青本	青色ではなく萌黄色の表紙。初期は黒本と似た内容が多い
	黄表紙	大人向けの物語性の高いもの
	合巻	数冊の黄表紙を合わせて綴じた長編もの
仮名草子《かなぞうし》		簡単な擬古文による仮名で書かれた散文作品
人情本		男女の情愛を描いた物語
読本《よみほん》		空想的、伝奇的な要素の強い小説の一種 草双紙のように挿絵が多くない
談義本《だんぎぼん》		講談口調で社会を揶揄した娯楽本
狂歌本		狂歌をまとめた歌集。挿絵を添えた「狂歌絵本」もある
滑稽本《こっけいぼん》		庶民の日常を笑いを交えて記した小説の一種
噺本《はなしぼん》		滑稽本から派生。笑い話を集めた短編集
正本		浄瑠璃や長唄などの詞章に曲節の譜を記入したもの
往来物		寺子屋で使う教科書、副読本として編まれた書物
地誌《ちし》		地理や地域の歴史についての本

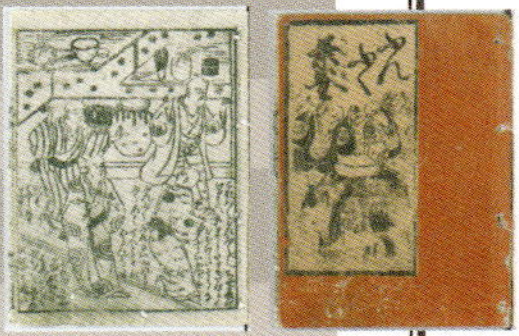

赤本
『ぶんぶく茶釜』

狂歌絵本
『画本虫撰』

もっと知りたい！ 江戸の暮らし

鱗形屋の重板事件とは？

蔦重が『吉原細見』を独占できた背景には、鱗形屋（右図）の重板《じゅうはん》事件がありました。当時の版元の間では、同じものや類似したものを出版しないよう申し合わせていました。ところが安永4（1775）年、鱗形屋の使用人が大坂の版元が出した本を改題して出版。これにより鱗形屋は訴えられて罰せられ、『吉原細見』を刊行できなくなったのです。

『三升増鱗祖』恋川春町（国立国会図書館蔵）

コミックの先駆といえる黄表紙が蔦重を江戸の出版王へと引き上げた

蔦重のポイント解説

江戸では挿絵がふんだんに盛り込まれた大人向けの小説「黄表紙」が大ブームになります。この黄表紙ブームを牽引し、市場を独占しました

黄表紙で江戸の出版王へ

富本節関連本や往来物が蔦屋の経営を安定させたとすれば、30代の蔦屋重三郎を江戸の出版王へと飛躍させる原動力となったのは黄表紙と狂歌本でした。

黄表紙とは、挿絵がふんだんに盛り込まれた大人向けの小説のことです。当時の世相や風俗、事件などを洒落《しゃれ》、風刺《ふうし》、ナンセンスな笑いでパロディ化したコミックの先駆ともいえる存在です。安永4（1775）年に大ヒットした恋川《こいかわ》春町《はるまち》の戯作《げさく》『金々先生栄花夢《きんきんせんせいえいがのゆめ》』の表紙が黄色だったことから「黄表紙」と呼ばれるようになり、多くの黄表紙が出版されました。

このブームに蔦重も注目。安永9（1780）年から黄表紙の出版をはじめ、同年に10冊、翌年にも10作を発表しています。そして春町や朋《ほう》誠堂《せいどう》喜三二《きさんじ》などの人気作家を獲得できたことから、黄表紙の出版をリードしたのです。

じつはこの頃、鱗形屋は重板問題の影響で、経営危機に陥っていました（P17参照）。蔦重は『吉原細見』のときと同じく、その間隙《かんげき》を突いて黄表紙に参入し、鱗形屋が抱えていた春町などの作家を取り込むことに成功したのです。

戯作者と浮世絵師のコラボを実現

さらに蔦重は吉原で築いた狂歌師や浮世絵師との人脈を生かし、黄表紙に新風を吹き込みます。春町や喜三二らに文章を書かせ、浮世絵師の北尾《きたお》重政《しげまさ》らに挿絵を描かせるコラボレーションを実現したのです。また、鶴屋《つるや》の専属作家のような山東京伝を取り込んだりもしています。

こうして江戸の出版界では、蔦屋の黄表紙が市場を独占する勢いになりました。

蔦屋が黄表紙ジャンルをリードするまで

鱗形屋

恋川春町や朋誠堂喜三二などの人気作家を抱え、
1770年代半ば以降、黄表紙を次々と出版。黄表紙のジャンルをリードした

恋川春町

『金々先生栄花夢』を大ヒットさせ、黄表紙のジャンルを開拓。「黄表紙の祖」といわれる存在だった

朋誠堂喜三二

本名は平沢常富（ひらさわつねとみ）といい、朋誠堂喜三二は戯作者としての筆名。春町とともに黄表紙の作風を確立した

▼

鱗形屋は重板事件などによって経営不振に陥る

▼

蔦屋

黄表紙を出版できなくなった鱗形屋に代わって蔦屋が参入

▼

鱗形屋のお抱えだった春町や喜三二らを蔦屋の専属的作家にし、
1780年以降、黄表紙出版を開始。黄表紙のジャンルの新リーダーとなる

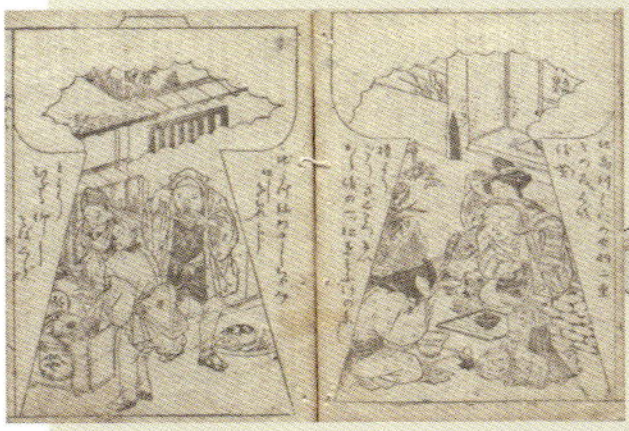

黄表紙『雛形意気真顔』恋川春町（国立国会図書館蔵）

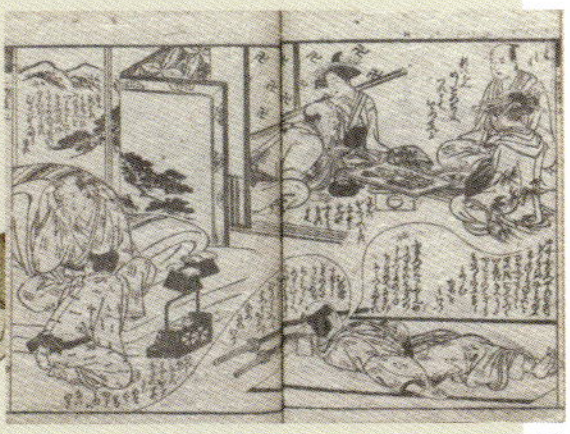

黄表紙『見徳一炊夢』朋誠堂喜三二（国立国会図書館蔵）

▼

戯作者と浮世絵師のコラボを行う

戯作者として文章を書く

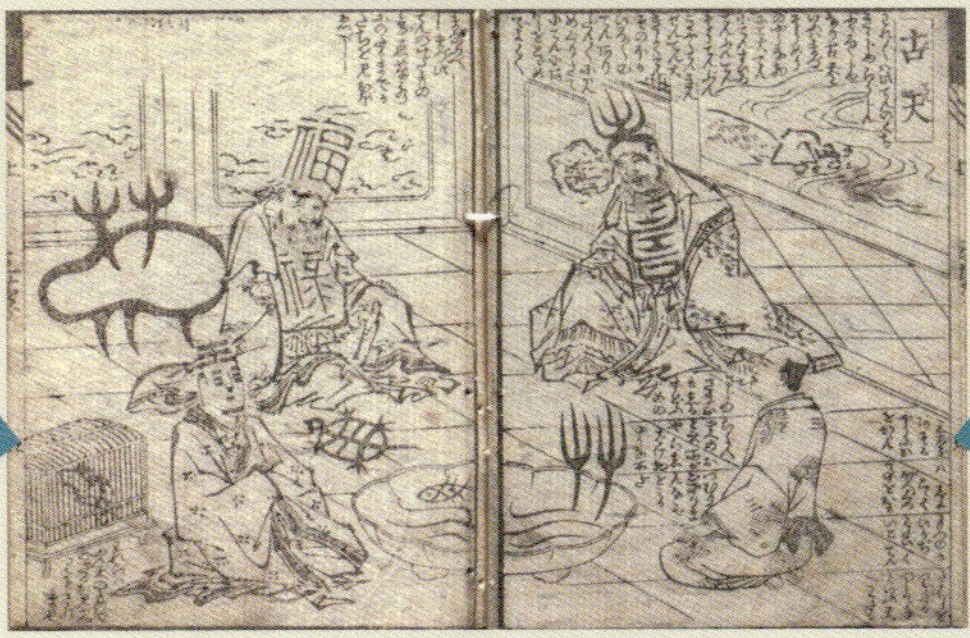

浮世絵師として挿絵を描く

黄表紙『三太郎天上廻』（国立国会図書館蔵）

狂歌に熱中

狂歌ブームに乗って本をプロデュース「蔦唐丸」の名で自らも参加した蔦重

蔦重のポイント解説

それまで書物には収録されてこなかった狂歌を本にして出版したり、狂歌師と浮世絵師の共同制作を実現させたりと、持ち前のプロデュース力を発揮して名を上げました

狂歌ブームを牽引

江戸の出版界をリードする蔦屋重三郎が次に察知したのは狂歌の流行でした。

狂歌とは、和歌の形式をとったカジュアルな詩歌のこと。通俗的な言葉を用い、世事や風俗を面白おかしく詠みます。中世から存在しましたが、江戸時代中期に江戸で下級武士や町人を中心とするブームが起こりました。

その狂歌ブームに乗り、江戸の版元は狂歌を収録した本を出版します。蔦重もその一人でしたが、彼はほかのどの版元よりも一歩先を見ていました。

蔦重は屋号にちなんだ「蔦唐丸《つたのからまる》」という名で自らも狂歌に熱中。そうしたなかで狂歌師との交流を求めてサロンを主宰したり、狂歌師を集めたイベントを開催したりし、そこで詠まれた狂歌を『狂歌百鬼《きょうかひゃっき》夜狂《やきょう》』として書籍化したのです。これは、蔦重のプロデューサー的な役割としての成功事例といえるでしょう。

狂歌絵本を生み出す

その後、狂歌ブームが沈静化すると、蔦重は新たな一手を繰り出します。狂歌に熱中していた戯作者・狂歌師と浮世絵師のコラボレーションを企画し、狂歌絵本を生み出したのです。

狂歌絵本の火付け役となったのは『吾妻曲《あずまぶり》狂歌文庫《きょうかぶんこ》』。狂歌師50人の肖像画に狂歌を添えた絵本で、その絵は浮世絵師としての顔ももつ山東京伝（北尾政演《まさのぶ》）が担当しました。

さらに蔦重は、同じサロンに属していた当時無名の喜多川歌麿を狂歌絵本の絵師として抜擢。歌麿の絵が入った『絵本《えほん》江戸《えど》爵《すずめ》』などの狂歌絵本は人気シリーズとなりました。

蔦重による“狂歌革命”

従来の狂歌

- 和歌の形式でカジュアルな詩歌をつくる
- 通俗的な言葉で世事や風俗を面白おかしく詠む
- その場だけで楽しむ「詠み捨て」を原則とする

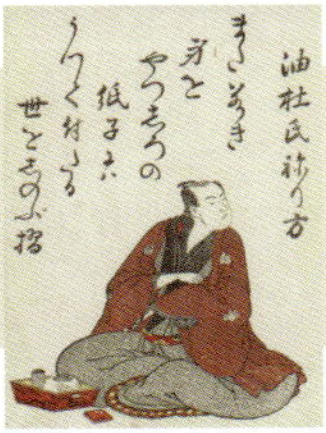

▼

蔦重の狂歌

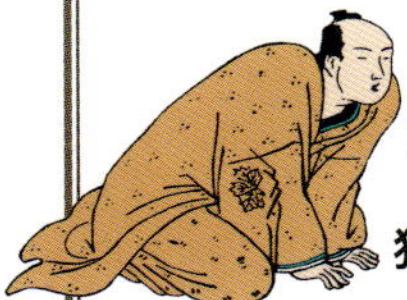

蔦重は「詠み捨て」が前提の狂歌を本にしようと計画する

▼

狂歌師に近づくため、サロンをつくったり、イベントを開催。
狂歌本が次々に出版され、空前の狂歌ブームが到来!

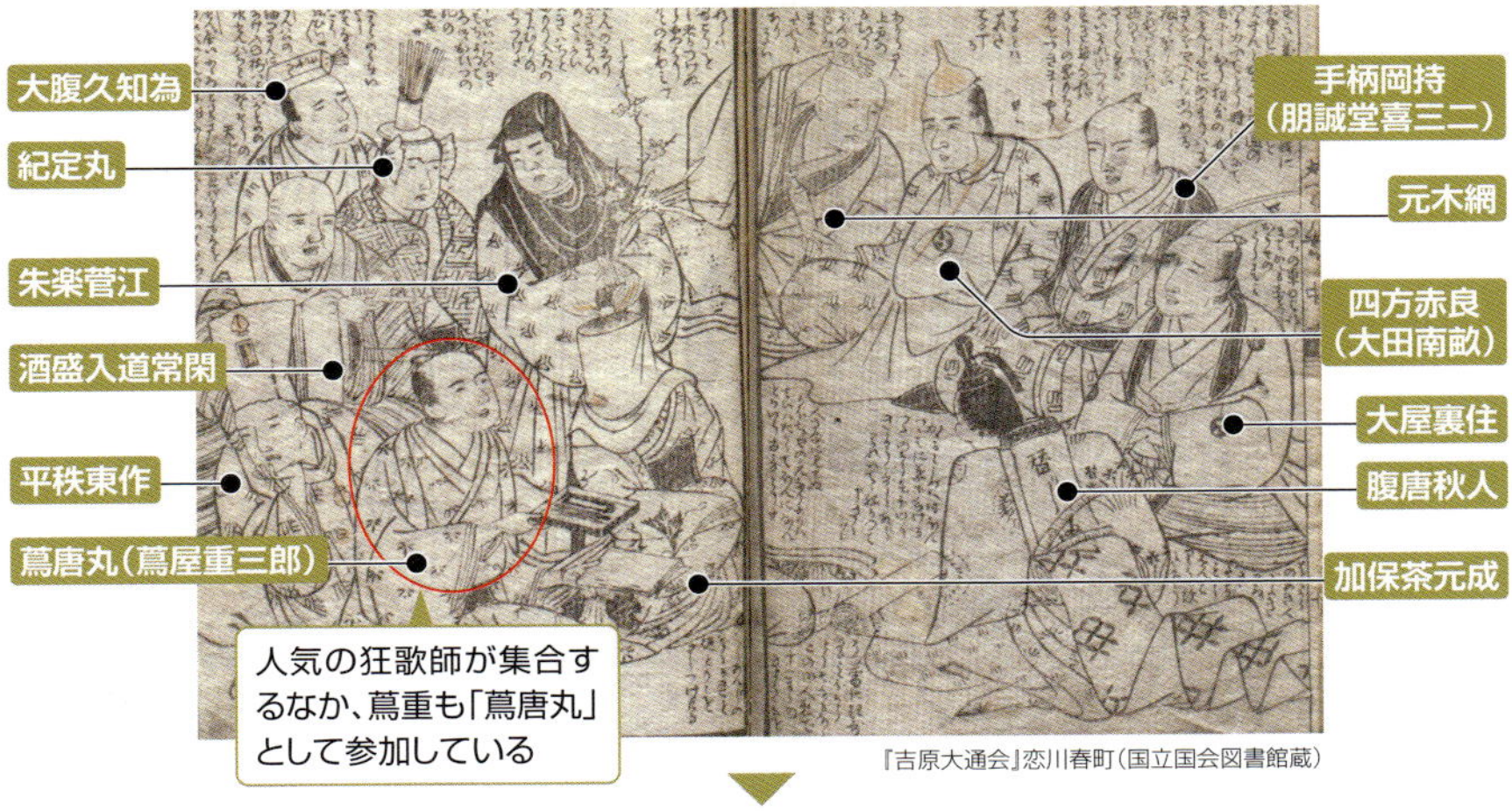

『吉原大通会』恋川春町（国立国会図書館蔵）

▼

戯作者・狂歌師と浮世絵師のコラボによる狂歌絵本を出す

『吾妻曲狂歌文庫』（東京都立中央図書館蔵）

狂歌師匠50人の肖像画に狂歌を添えた絵本。北尾政演こと山東京伝が担当した

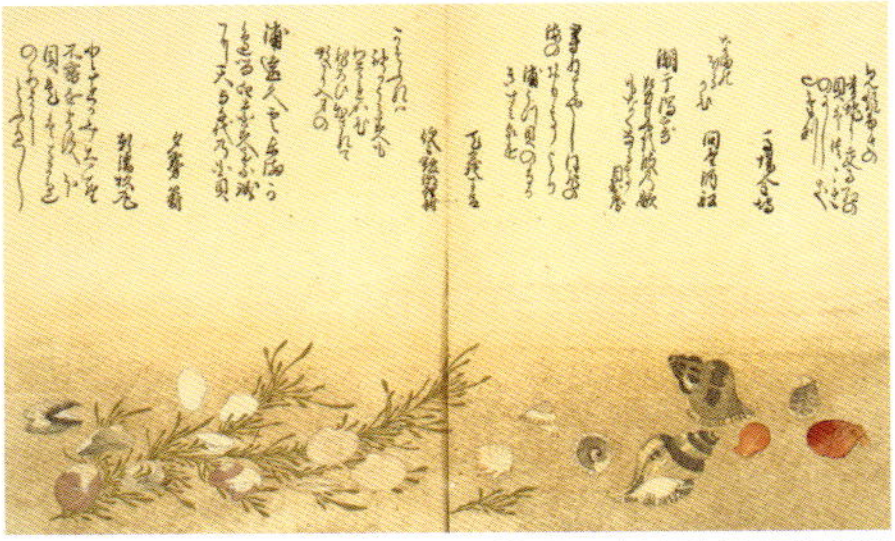

『潮干のつと』（国立国会図書館蔵）

朱楽菅江らの狂歌に、当時の人気浮世絵師・喜多川歌麿による挿絵を添えている

松平定信から圧力を受け、出版界全体が苦境に立たされる

蔦重のポイント解説

出る杭が打たれるのは、いつの時代も同じです。松平定信による寛政の改革で出版界は弾圧の対象となり、わたしも処罰されてしまいました

日本橋に進出した蔦屋

蔦屋重三郎は黄表紙や狂歌で次々とヒットを飛ばし、江戸のメディア王となりつつありました。そして天明《てんめい》3（1783）年、34歳のときには吉原から日本橋通油町《とおりあぶらちょう》へと進出します。

当時の日本橋は江戸の中心地で、江戸経済を動かす豪商をはじめ、出版関連の店が多数集まっていました。蔦重はその日本橋の通油町にある地本問屋《じほんどんや》・丸屋《まるや》の店舗を買い取り、活動拠点とします。吉原で店を出してから10年ほどで、一流版元の仲間入りを果たしたのです。

ところが天明6（1786）年、それまで幕政を担っていた老中《ろうじゅう》・田沼意次《たぬまおきつぐ》が失脚すると、翌年に松平定信《まつだいらさだのぶ》が老中首座につき、奢侈《しゃし》に流れた社会の引き締めを図ります。いわゆる寛政《かんせい》の改革です。その影響が出版界にも波及し、本の内容などが規制の対象とされてしまいました。

これに反発した蔦重は、改革を嘲笑《あざわら》うかのような作品を発行。朋誠堂喜三二の『文武二道万《ぶんぶにどうまん》石通《ごくどおし》』や恋川春町の『鸚鵡返文武二道《おうむがえしぶんぶのふたみち》』といった黄表紙がベストセラーとなりました。

蔦重に危機が訪れる

しかし、幕府も黙っていません。寛政2（1790）年、出版統制令を出し、風紀を乱すような本の出版を禁止します。これにより、作家たちは次々と活動自粛に追い込まれました。

それでも蔦重は翌年に遊里を舞台にする山東京伝の洒落本《しゃれぼん》を出すと、ついに幕府から罰金刑を科され、京伝の洒落本も絶版とされたのです。蔦重42歳のときでした。

こうして幕府の圧力にさらされた江戸の出版界は、自重せざるを得なくなっていきました。

政情の変化で弾圧を受ける出版界

松平定信の寛政の改革

- 大奥から町人に至るまで厳しい**倹約**を課す
- 旗本・御家人の借金を免除する**棄捐令**を出す
- 元農民に帰農を奨励するなどして**農村復興**に注力

統制のあまりの厳しさに加え、物価の上昇もあり、民衆が強く反発した

田沼意次の政治

- 株仲間（商人や手工業者の仲間組織）による**市場独占**を公認
- 鎖国下ではあるが、中国などとの**貿易を推進**して銀を輸入
- 額面を定めた**銀貨を発行**し、貨幣需要に応える

経済重視の政策により、都市における消費生活が活発化。自由な空気のなかで町人文化が栄えた

寛政の改革のなかで出版界に対しても弾圧がなされた

蔦屋関連の主な弾圧例

作品	作者	内容	処罰
文《ぶん》武《ぶ》二《に》道万石通《どうまんごくとおし》	**朋誠堂喜三二**	鎌倉時代を舞台に武士が文武奨励政策に慌てふためく様子を描く →寛政の改革を揶揄したものと捉えられた	喜三二は主家の佐竹家を通じて執筆活動自粛に追い込まれる
鸚鵡返文武二道《おうむがえしぶんぶのふたみち》	**恋川春町**	『文武二道万石通』の続編を意図したもので、改革政治を揶揄 →寛政の改革を皮肉るものと捉えられた	春町は幕府から呼び出しを受け、その後、謎の死を遂げる
錦之裏《にしきのうら》 **娼妓絹籭《しょうぎきぬぶるい》** **仕懸文庫《しかけぶんこ》**	**山東京伝**	遊里を舞台に当時の風俗の細かな描写や男女の恋物語を描く →風紀を乱すと咎められた	京伝は手鎖50日の刑、蔦重も罰金刑を受ける

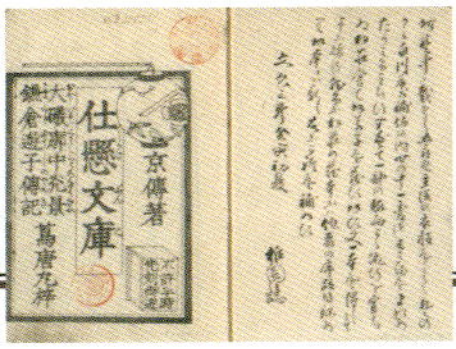

『仕懸文庫』山東京伝
（東京都立中央図書館蔵）

『文武二道万石通』朋誠堂喜三二
（国立国会図書館蔵）

浮世絵での挑戦

歌麿や写楽で巻き返しを図るも、病に倒れて最期のときを迎える

蔦重のポイント解説

幕府の統制に苦しみながらも浮世絵界への参入を図ります。美人画は喜多川歌麿、役者絵は東洲斎写楽と手を組み、ヒットにつなげました

歌麿と写楽をプロデュース

幕府から処罰された蔦屋重三郎ですが、事業への熱は衰えず、起死回生を図ります。それは浮世絵の出版です。

浮世絵はすでに出版されており、とくに美人《びじん》画《が》が人気を博していました。そうしたなか、蔦重は喜多川歌麿を起用し、それまでになかった美人大首《おおくび》絵《え》を描かせました。通常の美人画は全身を描きますが、美人大首絵は上半身しか描かないことによって美しさを際立たせます。この蔦重の感性は江戸っ子の心をつかみました。

さらに蔦重は、東洲斎写楽（P28参照）に役者絵を描かせます。今でこそ写楽は高い人気を誇りますが、当時は知名度がなく、そのリアルな作風が歌舞伎ファンに好まれませんでした。そんな無名の作家を大々的に売り込んだのです。

最期までユーモアを忘れずに

蔦重は浮世絵をプロデュースして新風を巻き起こす一方、書籍の分野でも手を広げていました。専門書や学術書を取り扱う書物問屋仲間に加入し、お堅い内容の本を出版していたのです。

地本問屋に加えて書物問屋にもなった蔦重は、江戸の出版界の顔として業界を牽引し続けます。しかし寛政8（1796）年、当時47歳の蔦重は病の床につきました。

そしてその翌年の5月6日、死期を悟って「昼12時に死ぬだろう」と自ら命日を予告します。ところが、その時刻になっても別れのときがこないと見るや、人生を歌舞伎の舞台にたとえ、「いまだ拍子《ひょうし》木《ぎ》が鳴らない。この遅さはなんなのか」と語り、その日の夕刻に生涯を終えたのです。

浮世絵界に新風を吹き込んだ蔦重

美人画市場への参入

人気絵師 鳥居清長

『風俗東之錦·凧の糸』（東京国立博物館蔵）

『美南見十二候 六月』（東京国立博物館蔵）

美人画で一世を風靡していたのは、蔦屋のライバル·西村屋と組んだ鳥居清長。女性の全身を描いた美人画で人気を博した

対抗馬 喜多川歌麿

『名所腰掛八景·梅ケ香』（東京国立博物館蔵）

浮世絵市場でシェアを拡大したい蔦重は、清長の対抗馬として喜多川歌麿を押し出す。清長のような全身画ではなく、上半身に焦点を絞った大首絵を歌麿に描かせ、大ヒットに導いた

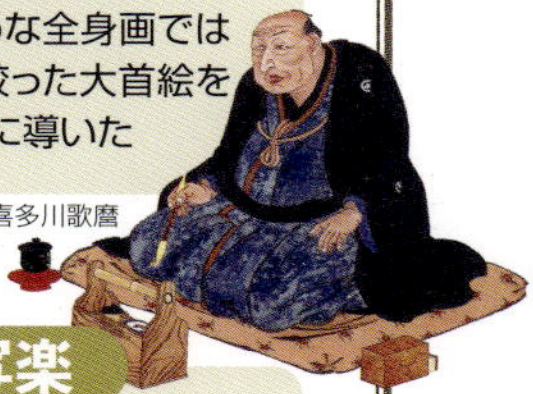

喜多川歌麿

役者絵市場への参入

人気絵師 歌川《うたがわ》豊国《とよくに》

『役者舞臺之姿繪·かうらいや』（東京国立博物館蔵）

『役者舞臺之姿繪·やまとや』（東京国立博物館蔵）

歌川豊国は黄表紙の挿絵のほか、美人画や歌舞伎役者をモデルにした役者絵で高く評価されていた

歌川豊国

対抗馬 東洲斎写楽

『八代目森田勘弥の賀籠舁鶯の治郎作』（東京国立博物館蔵）

『四代目松本幸四郎の新口村孫右衛門と初代中山富三郎の傾城梅川』（東京国立博物館蔵）

蔦重は「勝川春朗」と名乗っていた若き日の葛飾北斎に注目していたが、役者絵では写楽を売り出した

蔦重と仲間たち

名プロデューサーの蔦重はどんな作家たちを見出し育てたのか？

蔦重のポイント解説

長い活動期間のなかで、多くの戯作者、絵師、狂歌師などと交流し、個性的な作品を数多く世に出してきました。とりわけ重視したのは人と人とのつながり、縁です

人づきあいの天才・蔦重

蔦屋重三郎は人と人とのつながりのなかで才能を育《はぐく》み、成功を手にしてきた人物です。蔦重の活動から新たなメディアや、今に名を残す芸術家が数多く生まれました。ここでは蔦重が手掛けた代表的な芸術家たちを紹介しましょう。

吉原での交流のなかで出会い、蔦重とともに歩んだ作家が朋誠堂喜三二です。秋田藩の江戸《えど》留守居役《るすいやく》のかたわら戯作にも手を染めていた喜三二を、蔦重がスカウト。蔦屋の吉原関連本の多くに携わりました。

喜三二とともに黄表紙の作風を確立した恋川春町は喜三二同様、鱗形屋から蔦屋に移って活躍します。しかし、政治を暗に批判した『鸚鵡返文武二道』が幕府の怒りにふれ、出頭を命じられた後まもなく亡くなりました。

山東京伝も蔦重にスカウトされたひとりです。鶴屋専属のような作家でしたが、蔦重と交流するなかで個性的で風刺の効いた作品を刊行し、蔦屋のヒットメーカーとなりました。

蔦重プロデュースの絵師としては、喜多川歌麿が挙げられます。蔦重宅に居候していた歌麿を専属絵師とし、美人大首絵を描かせて売れっ子にしました。

育て・育てられの関係

そのほか、出版業開始時から蔦重を支えた幕臣・狂歌師・黄表紙の作者など多彩な顔をもつ大田南畝《おおたなんぽ》、狂歌師・国学者として名高い宿屋飯《やどやのめし》盛《もり》、『一目千本』の絵や黄表紙の挿絵を描いた北尾重政など、蔦重が関わった作家は枚挙に暇《いとま》がありません。多くの場合、蔦重が「育て・育てられ」の関係のなかで新境地を開拓していったのです。

蔦重とともに歩んだ芸術家たち

恋川春町

喜三二とともに黄表紙の作風を確立。寛政の改革を風刺したことで出頭を命じられ、まもなく死去。死因は自殺ともいわれる

朋誠堂喜三二

秋田藩の江戸留守居役を務めながら作家として活動。吉原関連本や黄表紙に携わる、狂歌師としても活動した

喜多川歌麿

晩年の蔦重が起死回生を期して売り出した絵師。美人画の浮世絵で一世を風靡したほか、狂歌絵本の挿絵も描いた

山東京伝

当時の社会や風俗をテーマに個性的で風刺の効いた作品を描く。寛政の改革により50日の手鎖の刑を受けた

宿屋飯盛

国学者・石川雅望として活動しながら、狂歌師としても地位を確立しており、主に狂歌本の撰者を担当した

大田南畝

幕臣、狂歌師、黄表紙の作者など多彩な顔をもち、出版業開始時から蔦重を支えた。とくに狂歌集に携わっている

葛飾北斎

江戸後期の浮世絵界の第一人者。蔦重とは若い頃に関わり、黄表紙や狂歌絵本の挿絵を多く手がけた

北尾重政

『吉原細見』より先に刊行された『一目千本』から蔦重と組んだ絵師。黄表紙の挿絵や絵本などをよく手がけた

衝撃のデビューを飾り、突然消えた写楽 その正体はいったい何者か？

蔦重のポイント解説

今も高い人気を誇る東洲斎写楽。謎めいた写楽をプロデュースし、世間に衝撃を与えたのはわたしでした

リアルな役者絵で衝撃を与える

蔦屋重三郎がプロデュースした浮世絵師として、喜多川歌麿とともに広く名を知られているのが東洲斎写楽です。

写楽は寛政６（１７９４）年にデビューすると、10ヶ月あまりの間に１４０点以上の作品を発表しました。しかしその後、突然に消息が途絶えてしまいます。そうした来歴もあって時代を経るにつれて注目が高まり、ファンも増えていきました。

写楽のデビューは衝撃的でした。役者大首絵を28点も同時に発表したうえ、それらを高コストの雲母摺《きらずり》、しかも大判で出したのです。これは無名の新人としては破格の扱いです。

画風も斬新でした。役者絵は役者を美化して描くのが一般的ですが、写楽は顔のしわを隠さなかったり鷲鼻《わしばな》を誇張したりと、欠点まで描いたのです。こうした画風は今でこそ評価されていますが、当時の人々にはリアルすぎて受けず、反発を買ってしまいます。

写楽の正体は誰か？

あまりに個性的な作品で世間を驚かせた写楽。後世の人々は彼の謎めいた素性について、さまざまな噂をしました。

たとえば、正体は作家の山東京伝ではないかとか、葛飾北斎の別名ではないかといった説のほか、活動の前半期と後半期で作風が変わるため、複数人で描いたなどともいわれました。蔦重本人が写楽だという説まで登場しています。

近年の研究では阿波《あわ》徳島藩お抱えの能役者・斎《さい》藤《とう》十郎《じゅうろ》兵衛《べえ》説が有力視されていますが、真相は謎のままです。

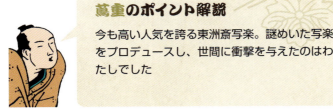

写楽のどこがすごいのか？

雲母の粉などを溶かした雲母摺を背景に使い、きらきら光るように工夫している
ほかの絵師とは異なり、輪郭などをはっきり描かず、繊細な線で描いている
縞柄の着物は当時の流行。「鬼」の字をあしらった家紋もしっかり描いている
見栄えのよさ、美しさが重視されていた当時の役者絵の流れのなか、写楽はこの大きな鷲鼻のようにリアリティを重視した
大き目な顔に対して手は小さめに、ピンと張った状態で描写。こうすることで動きを出している
『三代目大谷鬼次の江戸兵衛』
東洲斎写楽（東京国立博物館蔵）

写楽の正体に関する有力説

山東京伝説

幕府の処罰の対象となった京伝が写楽と名を変え、浮世絵を描いた？

蔦屋重三郎説

写楽の版元は当時としては珍しく蔦屋しかいない。つまり、蔦重自身がペンネームで描いた？

葛飾北斎説

すでに名を知られていた北斎が画風を一新し、別名で秘密裏に描いた？

斎藤十郎兵衛説

十郎兵衛は能役者。舞台と深いかかわりがあるゆえ、活き活きとした役者絵を描けた？

蔦屋重三郎の関連年表

西暦(年)	和暦(年)	年齢(歳)	出来事
1750	寛延3	1	父・丸山重助と母・広瀬津与の間に吉原で誕生。 7歳で喜多川の養子となる
1760	宝暦10	11	徳川家治が10代将軍に就任する
1772	明和9 安永元	23	吉原大門口の近くに耕書堂を開店 田沼意次が老中に昇進する
1773	安永2	24	この頃から『吉原細見』を販売しはじめる
1774	安永3	25	『一目千本』を出版する
1775	安永4	26	『吉原細見』の出版をはじめる
1777	安永6	28	朋誠堂喜三二の作品の出版を開始 富本節の正本・稽古本の出版を開始
1780	安永9	31	黄表紙や往来物などの出版をはじめる
1783	天明3	34	『吉原細見』の出版を独占する 日本橋通油町の地本問屋の店舗を買い取って移転。 狂歌本の出版をはじめる
1786	天明6	37	田沼意次が老中を辞する

『吉原大通会』恋川春町（国立国会図書館蔵）

西暦(年)	和暦(年)	年齢(歳)	出来事
1787	天明7	38	徳川家斉が11代将軍に就任。松平定信が老中首座となり、田沼意次が追罰を受ける 寛政の改革による締め付けにより、朋誠堂喜三二や大田南畝らはやがて戯作の世界から離れていく
1788	天明8	39	曲亭馬琴や鶴屋喜右衛門とともに日光へ旅行にいく 朋誠堂喜三二の『文武二道万石通』を出版
1789	寛政元	40	恋川春町が『鸚鵡返文武二道』を発表するも幕府の目にとまり、呼び出しを受ける。その後、春町は謎の死を遂げる
1790	寛政2	41	幕府が出版統制令を出す
1791	寛政3	42	山東京伝の『仕懸文庫』などが出版統制令違反となり、絶版とされる。蔦重は版元として罰金刑を受ける
1793	寛政5	44	松平定信が老中を辞する
1794	寛政6	45	東洲斎写楽の役者絵を大量に出版する
1796	寛政8	47	病に臥す
1797	寛政9	48	病から回復せず、死去する。遺体は菩提寺の正法寺に葬られた

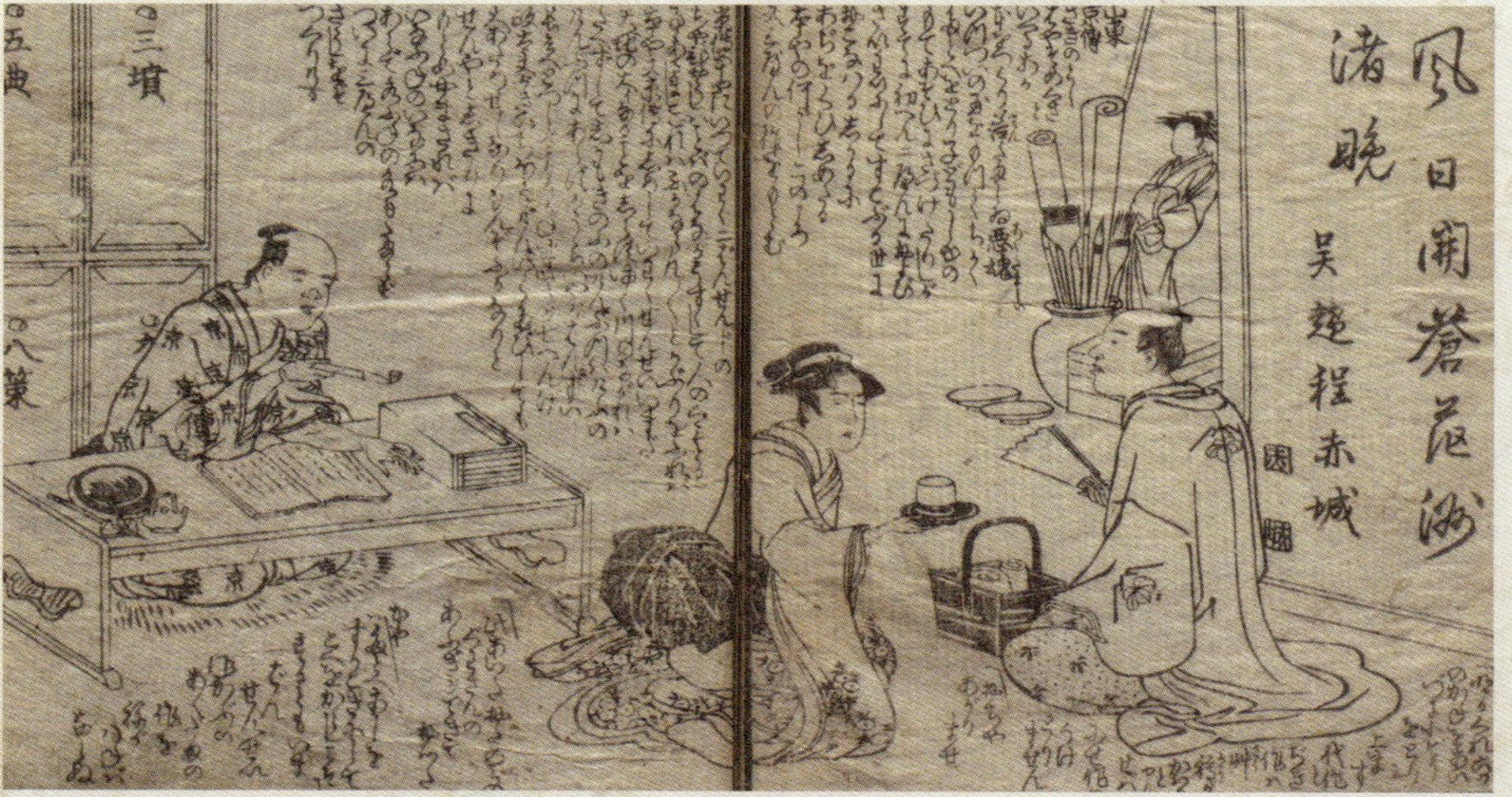

『堪忍袋緒〆善玉』山東京伝（国立国会図書館蔵）

蔦重が活躍した江戸時代の出版界はこんなふうになっていた

江戸が大きく発展したのは徳川家康の入府以降です。それまでは上方《かみがた》（京都・大坂周辺）のほうが経済や文化の面で先をいっており、出版界も活況を呈していました。

しかし18世紀中頃、蔦屋重三郎が活躍した江戸中期になると、江戸は経済・文化的に成熟期を迎え、出版界も成長していきます。出版物の点数をみても、江戸のほうが上方を大きく上回り、業界の中心地が移り変わることになったのです。

そんな出版界で中心的な存在だったのが版元です。版元は本の企画立案から制作・印刷・製本・販売までを一手に行い、板木《はんぎ》、つまり出版権を有していました。

そして、版元と客をつないでいたのが本屋ですが、本屋はいくつかの種類に分かれていました。

蔦重が営んでいたのは地本問屋《じほんどいや》です。地本問屋とは、黄表紙をはじめとする草双紙や読本などの娯楽的な本を取り扱う本屋。本だけでなく、浮世絵も扱っていました。

地本問屋とは対照的に史書や漢籍、医学書などの学術書を取り扱うのが書物問屋です。

そのほかには板木屋《はんぎや》、世利本屋《よりほんや》、貸本屋といった本屋がありました。

板木屋は基本的には木版用の刷り板（板木）を彫ることを生業とする職人が、出版業にまで手を広げた本屋です。

世利本屋は古本を扱います。それほど大きな規模でない小売本屋と客の間で取次を行い、利益を得ていました。

貸本屋は文字どおり本のレンタル屋です。本を仕入れて客に貸し出し、レンタル料を得ます。蔦重の耕書堂は本の販売とともに貸本も行っていました。

江戸における出版点数の推移

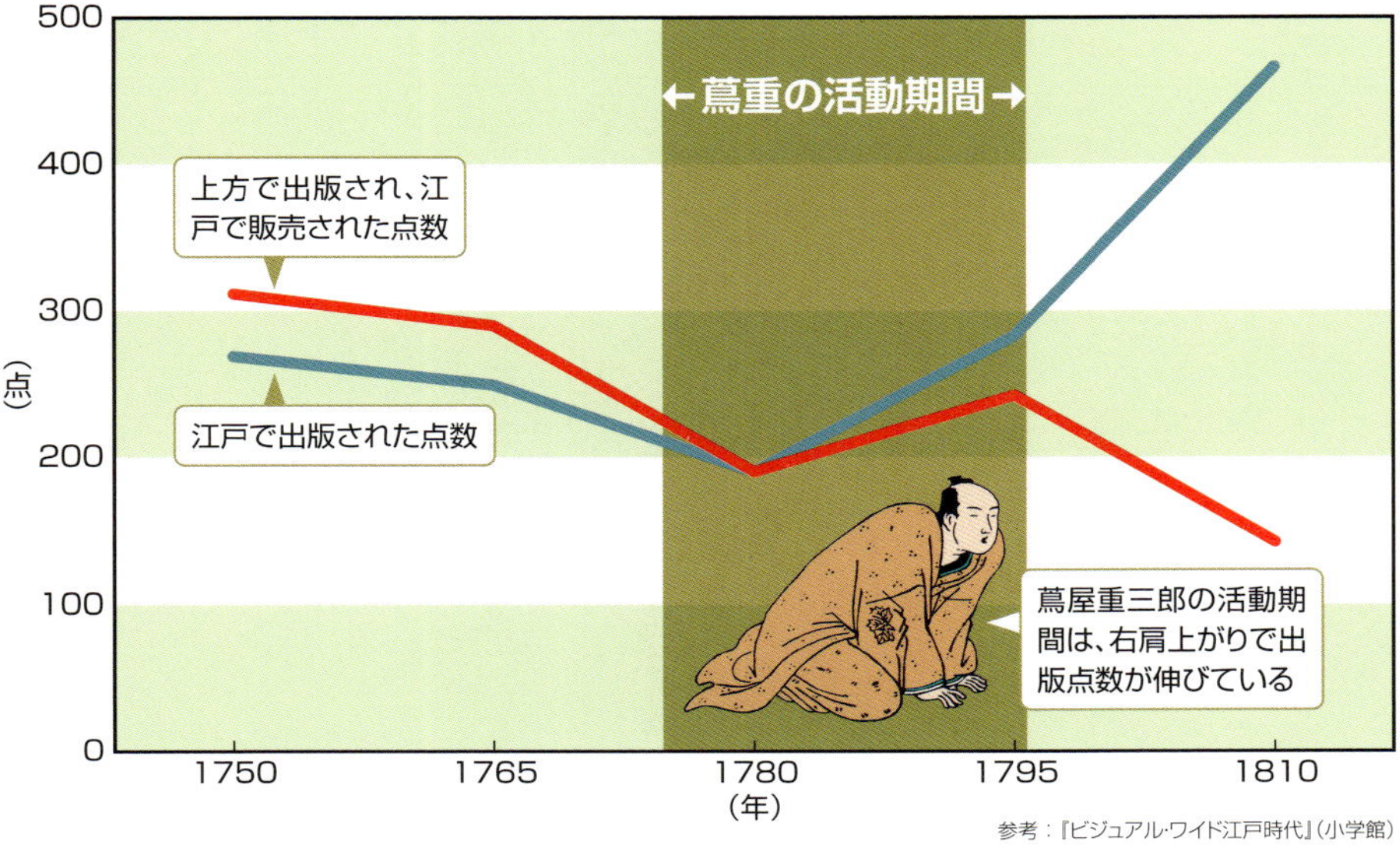

参考：『ビジュアル・ワイド江戸時代』（小学館）

第1章

江戸の文化を楽しむ

の文化

大きな戦乱もなく、経済が発展した江戸時代。蔦屋重三郎も関与していた本や浮世絵をはじめ、歌舞伎、相撲、花見などの文化を多くの人々が享受していました。

『初代市川男女蔵の奴一平』
東洲斎写楽
（東京国立博物館蔵）

歌舞伎

江戸三座と呼ばれる３つの劇場を中心に庶民の間に歌舞伎ブームが到来。市川團十郎をはじめとする人気役者も生まれました（▶P42）

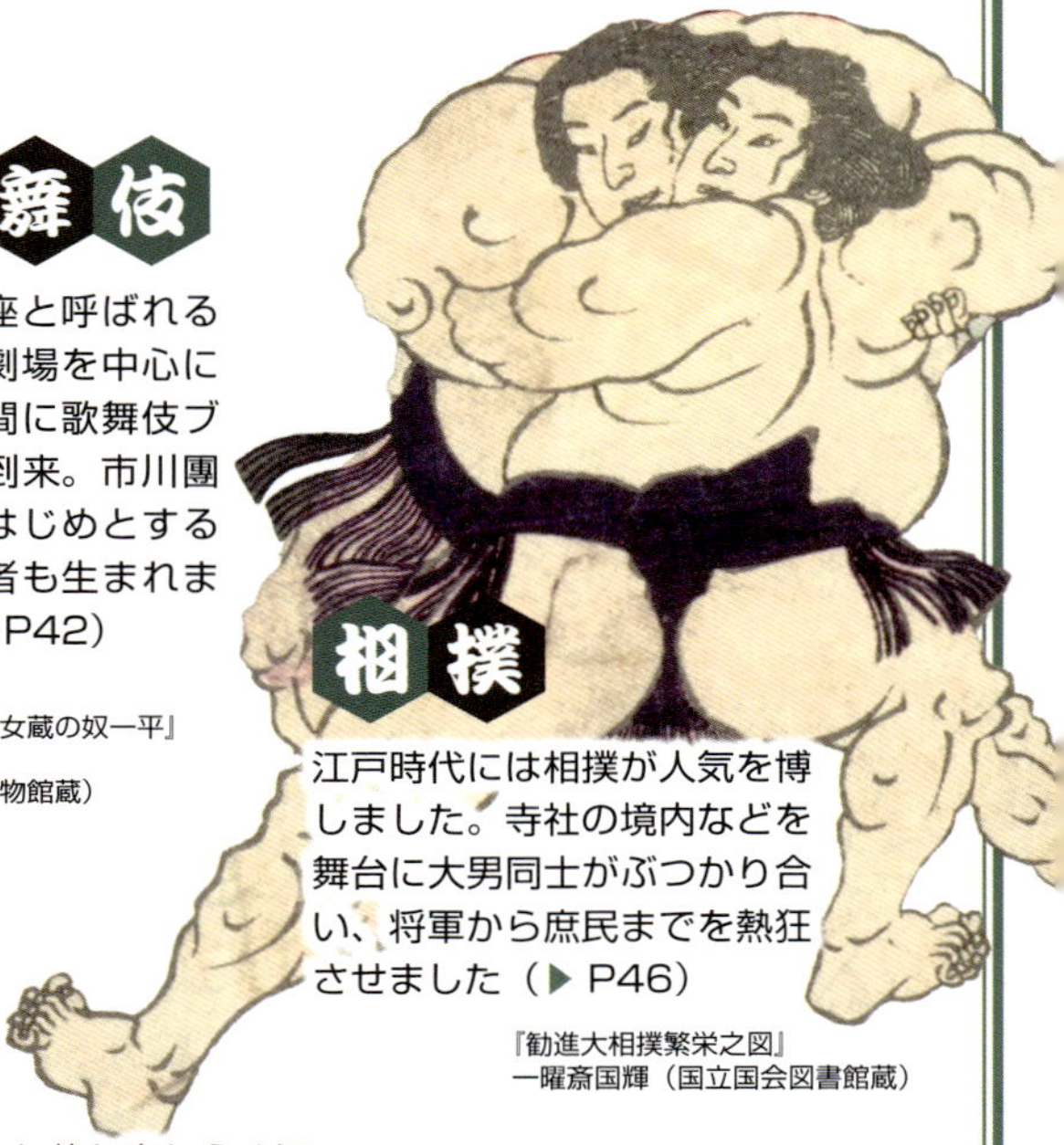

相撲

江戸時代には相撲が人気を博しました。寺社の境内などを舞台に大男同士がぶつかり合い、将軍から庶民までを熱狂させました（▶ P46）

『勧進大相撲繁栄之図』
一曜斎国輝（国立国会図書館蔵）

花見・花火

春の花見、夏の花火は、今も昔も変わらぬ江戸の風物詩。江戸っ子はこぞって見物に出かけ、屋台で飲食を楽しみました（▶ P44）

『倭風俗墨堤の花 』 楊洲周延（国立国会図書館蔵）

浮世絵でわかる江戸

『画本東都遊 絵草紙店』葛飾北斎（東京都立中央図書館蔵）

読書

蔦屋重三郎らの活躍で出版界が活性化すると、さまざまな本が出版され、本に親しむ人々が増えました（▶ P36）

浮世絵

江戸時代の風俗を主題とした浮世絵は、蔦重が手がけた喜多川歌麿や東洲斎写楽、葛飾北斎などの人気絵師が出て大人気に（▶ P38）

『冨嶽三十六景 凱風快晴』葛飾北斎

遊郭

幕府公認の遊郭である吉原は単なる“女遊び”の場ではありません。大名や豪商、文化人、芸術家などが集い、文化の発信地となっていました（▶ P40）

『吉原遊郭』喜多川歌麿（アフロ）

江戸に読書ブームが到来！ベストセラーとなった本とは？

蔦重のポイント解説

文化都市の江戸では、多様なジャンルの本が発刊され、多くの人々が読書に親しんだのです

ベストセラーが次々に出現

江戸時代、泰平の世が続くなかで浮世絵や歌舞伎など、さまざまな娯楽が登場し、多くの人々を魅了しました。読書もまた、江戸時代にブームとなった娯楽のひとつです。

当時の人々は識字率が高く、経済力も向上。蔦屋重三郎《つたやじゅうざぶろう》らの活躍で出版事業が活性化していたこともあり、本に親しむ庶民が増えました。娯楽小説をはじめ学術書、実用書、ハウツー本、料理本、旅行ガイドブックといった幅広いジャンルの本が次々と出版され、読書ブームが起こったのです。

どんな本が人気だったのかというと、江戸初期には井原西鶴《いはらさいかく》の『好色一代男《こうしょくいちだいおとこ》』や近松門左衛門《ちかまつもんざえもん》の『曾根崎心中《そねざきしんじゅう》』などがよく売れました。当時は1000部売れれば「千部振舞《せんぶぶるまい》」と呼ばれてベストセラー扱いされましたが、中・後期になると柳亭種彦《りゅうていたねひこ》の『偐紫田舎源氏《にせむらさきいなかげんじ》』が38編すべてが1万部以上も売れました。

貸本屋が読書ブームを支えた

ただし本の価格は高額だったため、購入者は経済的に余裕のある人に限られました。そこで重宝されたのが貸本屋《かしほんや》です。

出張型貸本屋は書物を担いで得意先をまわり、5～10冊貸してレンタル料をとります。江戸でのレンタル料は1冊につき6～30文（180～900円）でしたが、新刊を購入するとなると、それをはるかに超える金額が必要でした。取り扱うジャンルも恋愛ものである人情本《にんじょうぼん》や遊郭《ゆうかく》を舞台にした洒落本《しゃれぼん》のほか、春画《しゅんが》や艶本《えんぽん》のような本屋で扱えない発禁本もあり、多様な読者層から支持されていたのです。

江戸時代によく売れた本

タイトル	作者名	発刊	内容
好色一代男	井原西鶴	1682年	主人公・世之介一代54年の好色遍歴を54章に分けて描く
日本永代蔵《にほんえいたいぐら》	井原西鶴	1688年	金と欲にまみれた町人の成功談・失敗談を描く
金々先生栄花夢《きんきんせんせいえいがのゆめ》	恋川春町《こいかわはるまち》	1775年	金村屋金兵衛が夢を見て、栄華のむなしさに気づく物語
東海道中膝栗毛《とうかいどうちゅうひざくりげ》	十返舎一九《じっぺんしゃいっく》	1802～22年	江戸・八丁堀の弥次郎兵衛と喜多八による道中記
浮世風呂《うきよぶろ》	式亭三馬《しきていさんば》	1809～13年	銭湯での庶民の会話から当時の世相を浮き彫りにする
南総里見八犬伝《なんそうさとみはっけんでん》	曲亭馬琴《きょくていばきん》	1814～41年	安房の里見家の興亡を描いた長編伝奇小説
傾城水滸伝《けいせいすいこでん》	曲亭馬琴	1825～35年	明朝時代の中国で書かれた『水滸伝』の翻案
偐紫田舎源氏	柳亭種彦	1829～42年	『源氏物語』の翻案。大奥を描いたと噂されて絶版に
春色梅児誉美《しゅんしょくうめごよみ》	為永春水《ためながしゅんすい》	1832～33年	色男の丹次郎と深川芸者の米八・仇吉との恋を描く

十返舎一九

曲亭馬琴

柳亭種彦

読書ブームを支えた貸本屋

❷ 出張型

出張型は多数の本を担いで得意先をまわる
『初代山下金作の貸本屋』西村重長（ボストン美術館蔵）

❶ 店舗型

蔦屋重三郎が開業した耕書堂のように、小売とともに貸本を行っている本屋もあった
『画本東都遊 絵草紙店』葛飾北斎（東京都立図書館蔵）

社会・風俗をありのままに描き、庶民層に受け入れられた人気の絵画

蔦重のポイント解説

浮世絵は江戸時代の絵画の華。美人画、役者絵、名所絵などが人々を魅了しました

「憂き世」を「浮世」に

江戸時代に一世を風靡《ふうび》した娯楽作品といえば、浮世絵を取り上げないわけにはいきません。

それまでの日本の絵画は古典作品や風景などをモチーフにした作品が一般的でしたが、浮世絵は当時の社会風俗、具体的には幕府から悪所とされた遊郭、芝居町などを主題とした作品が多く、町人をはじめとする庶民層に広く受け入れられました。「憂《う》き世《よ》」（辛い世の中）を、「浮世」に変える芸術ともいわれます。

浮世絵には多様なジャンルがありますが、美人画、役者絵、名所絵の3つに大別されます。

美人画は美しい女性を描いた、現在のアイドルグラビアのような作品。男性を意識したものが多く、モデルの遊女や茶屋の娘が人気者になるなど客寄せの広告としても使われました。美人画の第一人者である喜多川歌麿《きたがわうたまろ》は上半身のみを描く「大首絵《おおくびえ》」の様式で人気を博しました。

役者絵は歌舞伎役者をモデルにした作品。ブロマイドのようなものです。役者のイメージを重視した歌川豊国《うたがわとよくに》や、蔦屋重三郎が発掘した東《とう》洲斎写楽《しゅうさいしゃらく》が人気絵師として挙げられます。

名所絵はいわば旅行ガイドブックです。葛飾《かつしか》北斎《ほくさい》の『冨嶽三十六景《ふがくさんじゅうろっけい》』、歌川広重《ひろしげ》の『東海道五十三次』『名所江戸百景』などのように各地の風景をモチーフにした作品がつくられました。

職人と版元の協力で作品を生む

浮世絵の制作には絵師、彫師《ほりし》、摺師《すりし》の職人たちが関わりました。そして、そのプロデュース役を担っていたのが蔦重のような版元です。

職人と版元が協力しつつ、幾多の名作を生み出していったのです。

浮世絵の主要3ジャンル

1 美人画

美しい女性を描いた現在のアイドルグラビアのような作品。男性を意識したものが多く、モデルの遊女や茶屋の娘が客寄せの広告としても使われた。代表作家は喜多川歌麿、鈴木春信など

『寛政三美人』喜多川歌麿

『見返り美人図』菱川師宣
（東京国立博物館蔵）

『夜の梅』鈴木春信
（メトロポリタン美術館蔵）

2 役者絵

歌舞伎役者をモデルにした作品。現代のブロマイドのようなもの。代表作家は歌川豊国、東洲斎写楽など

『役者舞台之姿絵 はま村や』
歌川豊国

『三代目大谷鬼次の奴江戸兵衛』
東洲斎写楽

3 名所絵

日本各地の風景をモチーフにして描いた風景画。旅行ブームの世の中で旅行ガイドの役割も果たした。代表作家は葛飾北斎、歌川広重など

『冨嶽三十六景 神奈川沖浪裏』
葛飾北斎

『東海道五拾三次之内 川崎
六郷渡舟』歌川広重

浮世絵のつくり方

版元

絵の企画を考え、絵師に要望などを伝える

絵師

版元の意図に沿って版下絵を描く

彫師

版下絵に沿って彫りを進め、色版をつくる

摺師

摺師が見本刷りを刷ったら、絵師と版元が確認

『今様見立士農工商 職人』歌川豊国（アフロ）

遊郭

歌舞伎、浮世絵、落語……江戸文化の発信地となっていた吉原の世界

蔦重のポイント解説

吉原は江戸の巨大な風俗街というだけでなく、洗練された文化の中心地としても機能していました

遊女が2000人以上いた！

江戸時代には、江戸の吉原《よしわら》をはじめ、京都の島原《しまばら》、大坂の新町《しんまち》などに遊郭が設けられていました。とくに吉原（新吉原）は2万坪もの敷地を誇り、2000人以上の遊女を抱えていた時代もありました。飲食店なども集まっていたため、「毎日1000両の金が落ちる」といわれていたほどです。現代の東京でいえば、新宿歌舞伎町のイメージに近いかもしれません。

そんな華やかな不夜城が、江戸の文化の発信地となっていたのです。

吉原は社交サロンでもあった

吉原には実にさまざまな人々が集まっており、そのなかには大名や豪商、文化人、芸術家なども大勢いました。吉原生まれの蔦屋重三郎もそのひとり。蔦重は狂歌《きょうか》会を主宰して築いた人脈を軸にコラボを仕掛けたりしていました。

そうした裕福で教養豊か、粋な遊び方を知る人々が身分の枠を超えた社交サロンを形成すると、そこから歌舞伎、落語、狂言《きょうげん》、戯作《げさく》、俳諧《はいかい》、錦絵《にしきえ》、ファッションなどの素材となる文化が発信され、世間の流行を生み出したのです。

「花魁《おいらん》」と呼ばれた高級遊女の存在も見逃せません。花魁は美しさとファッションセンスで浮世絵のモデルになるほどでしたが、それだけではなく、教養があり、歌や踊り、茶道、古典といった芸事も身につけていました。文化人や学識の高い人々とも対等に渡り合うことができ、彼らのセンスを刺激することもありました。

身分社会の江戸にあって極めて異質な空間だったからこそ、吉原は文化の中心地になり得たのです。

吉原見て歩き

張見世《はりみせ》

遊女がいる妓楼は仲之町の横丁に位置している。通りに面して設けられた座敷には遊女たちが並んでおり、客は格子越しに遊女をみて相手を決めた

『吉原遊郭』喜多川歌麿（アフロ）

仲之町《なかのちょう》

大門をくぐった先にある吉原のメインストリート。通りの両脇には客と妓楼を仲介する引手茶屋が並んでいる

『東京名勝図会新吉原仲の街夕景』歌川広重（ボストン美術館蔵）

1860年の吉原遊郭。ここは単なる色街ではなく、江戸の文化の中心地となっており、観光で訪れる人も多かった

『東都 新吉原一覧』歌川広重

高級遊女

遊郭の主役である遊女たち。「花魁」と呼ばれた高級遊女は美しさと教養を兼ね備え、流行の最先端をいくファッションセンスは一般女性の憧れの的だった

『吉原高名三幅対』歌川国貞（国立国会図書館蔵）

情交

遊女と遊ぶためには、しきたりとルールを守る必要がある。料金も高ランクの遊女は高額になり、庶民にとって高級遊女は高嶺の花だった

『恋の道草』渓斎英泉

江戸っ子にとって最大の娯楽 弁当片手に1日中楽しんだ歌舞伎の魅力

蔦重のポイント解説

歌舞伎は現代と違って庶民の娯楽。江戸っ子は弁当をもっていって一日中芝居小屋で楽しんでいました

料金は高額ながら人気沸騰

今も高い人気を誇る日本の伝統芸能、歌舞伎。その文化が育《はぐく》まれ、多くの人々の楽しみとなったのは江戸時代でした。市川團十郎《いちかわだんじゅうろう》や尾上《おのえ》菊《きく》五郎《ごろう》、中村勘三郎《なかむらかんざぶろう》といった贔屓《ひいき》の役者をみながら幕の内弁当に舌鼓《したづつみ》を打つことが、江戸っ子にとって最高の娯楽だったのです。

そもそも江戸の歌舞伎は、常設小屋での興行を許された大芝居と、寺社の境内や盛り場で行われた宮地《みやち》芝居の2つに分かれていました。

大芝居には、寛永《かんえい》元（1624）年に今の京橋一丁目にできた猿若座《さるわかざ》をルーツとする中村座をはじめ、市村座、山村座、森田座の四座がありました（山村座はのちに廃止されて三座に）。興行時間は午前6時から午後5時まで、すなわち朝から晩まで演じられていたのです。

ただし、料金は決して安くありません。三座の上等の桟敷席《さじきせき》は諸費用込みで1両2分（約18万円）。庶民にはなかなか手が出ない価格です。三座としても役者の給金の高騰や度重なる火災による小屋の修繕など安価にできない理由があったものの、高額な料金は観客の伸び悩みにつながりました。そして庶民は、気軽に鑑賞できる宮地芝居へと流れていったのです。

宮地芝居が歌舞伎の隆盛を生む

宮地芝居の興行は年間晴天100日と制限付きでしたが、興行地は20ヶ所以上もありました。しかも宮地芝居でも魅力的な役者が現れ、舞台装置も三座と同等のものとなったため、観客数が増加していきます。

そうした宮地芝居の隆盛は、歌舞伎文化のさらなる繁栄をもたらしました。

中村座の劇場

江戸三座のひとつ中村座の外観。猿若町は芝居小屋を中心とする一大歓楽街となっていた

『東都繁栄之図 中村座』歌川広重（国立国会図書館蔵）

小屋の内部はほぼ満席。観客の熱気がみなぎっている

『中村座　内外の図』歌川豊国（国立国会図書館蔵）

桟敷席

舞台の両側の2階に設けられており、料金は高額

枡席《ますせき》

舞台の前に設けられた安価な席

もっと知りたい！ 江戸の暮らし

見世物《みせもの》も大人気

見世物小屋も江戸で人気を集めました。見世物とは、曲芸・軽業や動物を使ったショーです。海外から連れてこられたラクダが京都や大坂を経由して文政7（1824）年に江戸に登場。はじめてみる珍獣に、江戸っ子は目を丸くしました。ラクダだけでなくゾウが登場したこともあります。

『駱駝之図』歌川国安（東京都立図書館蔵）

花見・花火

江戸っ子の春の楽しみといえば桜の花見、夏の風物詩は花火！

蔦重のポイント解説

江戸には桜の名所がたくさんあり、みなこぞって花見に繰り出しました。夏は両国の花火が人気を集めました

花見をしないと冬が明けない

江戸っ子は四季折々のイベントを楽しみながら暮らしていました。

春は花見。庶民が桜の花見を楽しむようになったのは江戸時代からです。

江戸初期は上野の寛永寺《かんえいじ》が桜の名所として人気を博しました。しかしその後、将軍家の墓所があるということで花見の遊興は禁じられてしまいます。その代わりに8代将軍・徳川吉宗《よしむね》が飛鳥山《あすかやま》や隅田川《すみだがわ》の堤《つつみ》、御殿山《ごてんやま》などに桜の木を植えて開放すると、多くの人々が桜の木の下で夜まで飲めや歌えのどんちゃん騒ぎを楽しむようになりました。

こうして花見は庶民の人気の行楽として定着し、19世紀には江戸の桜の名所が35ヶ所ほどにまで増えました。

慰霊の目的で始まった隅田川の花火

春が花見ならば、夏の風物詩は花火です。隅田川筋の両国で享保《きょうほう》18（1733）年から花火が盛大に打ち上げられ、裕福な町人は納涼船で川に繰り出し、庶民は橋の上や長屋の屋根に上って、花火に彩られた夜空を楽しみました。

この花火も、吉宗が飢饉《ききん》や疫病《えきびょう》で亡くなった人々の慰霊《いれい》のために鍵屋《かぎや》に花火を打ち上げさせたのがはじまりです。やがて上流の花火を玉《たま》屋《や》、下流の花火を鍵屋が受けもつと、見物客は「たまやー」「かぎやー」と掛け声をかけるようになりました。

また当時の花火は塩硝《えんしょう》と木炭、硫黄《いおう》を配合したオレンジ色のシンプルなものが主流でしたが、花火職人が研究を重ね、数十種類もの大花火をつくり、見物人を楽しませました。

江戸の春・夏行楽スポット

『隅田川花見』一勇斎国芳（国立国会図書館蔵）

隅田川堤

徳川吉宗が隅田川東岸の向島から千住まで1里（約4キロ）にわたって桜を植樹。渡し船で花見を楽しむ芸者もいた

『東都花暦 上野清水之桜』渓斎英泉（国立国会図書館蔵）

上野

松尾芭蕉が「花の雲　鐘は上野か　浅草か」と詠んだように、上野は花見の名所として知られ、多くの人々を集めた

『東都上野花見之図・清水堂』歌川広重（国立国会図書館蔵）

両国

隅田川の花火は飢饉や疫病の犠牲者の慰霊のためにはじめられたとされる。庶民は橋の上や堤から、裕福な町人は納涼船に乗って水上から花火を楽しんだ

『東都両国夕涼之図』歌川貞房（国立国会図書館蔵）

将軍から大名、庶民までが熱狂！誰もが夢中になった相撲の興行

蔦重のポイント解説

相撲人気は庶民から武士まで幅広く、回向院で開催された興行には2000人もの観客が詰めかけました

寺社の境内が相撲の興行場所に

日本の国技である相撲は古来、神事として行われていた歴史をもち、戦国時代には相撲ファンの大名も多くみられました。そして江戸時代には興行として成立し、熱狂的な人気を誇るようになります。

江戸では、道や橋、寺社の修繕費などを捻出する勧進《かんじん》相撲として興行が行われました。17世紀半ば頃、幕府は風紀が乱れるなどの理由で興行を禁止したものの、人々の強い要望で再開。本所《ほんじょ》の回向院《えこういん》や深川の富岡八幡宮《とみおかはちまんぐう》などの境内が開催場所となり、天保《てんぽう》4（1833）年以降は回向院での春と冬の2場所、晴天10日ずつの開催が定着しました（夏は京都、秋は大坂で開催）。

回向院では土間席を含めて2000人ほどの観客を集め、歌舞伎や吉原に匹敵するほどの賑わいをみせます。入場料ははっきりとわかっていませんが、会津若松《あいづわかまつ》城下の興行では130文（3900円）という記録が残っています。

力士のランキングである番付《ばんづけ》や、相撲絵と呼ばれる力士を描いた錦絵《にしきえ》も世に出るようになり、相撲人気に拍車をかけました。

武士も相撲に熱狂した

相撲に熱狂したのは庶民だけではありません。武士も同じでした。実は多くの力士が諸大名のお抱え力士で、有名な雷電為右衛門《らいでんためえもん》は松江藩松平家のお抱えでした。

また11代将軍・徳川家斉《いえなり》の時代、寛政《かんせい》3（1791）年には江戸城で上覧《じょうらん》相撲が行われ、大男同士のぶつかり合いに夢中になった家斉はその後4回も相撲を上覧しています。こうして相撲は社会的地位を高めていったのです。

高まる相撲熱

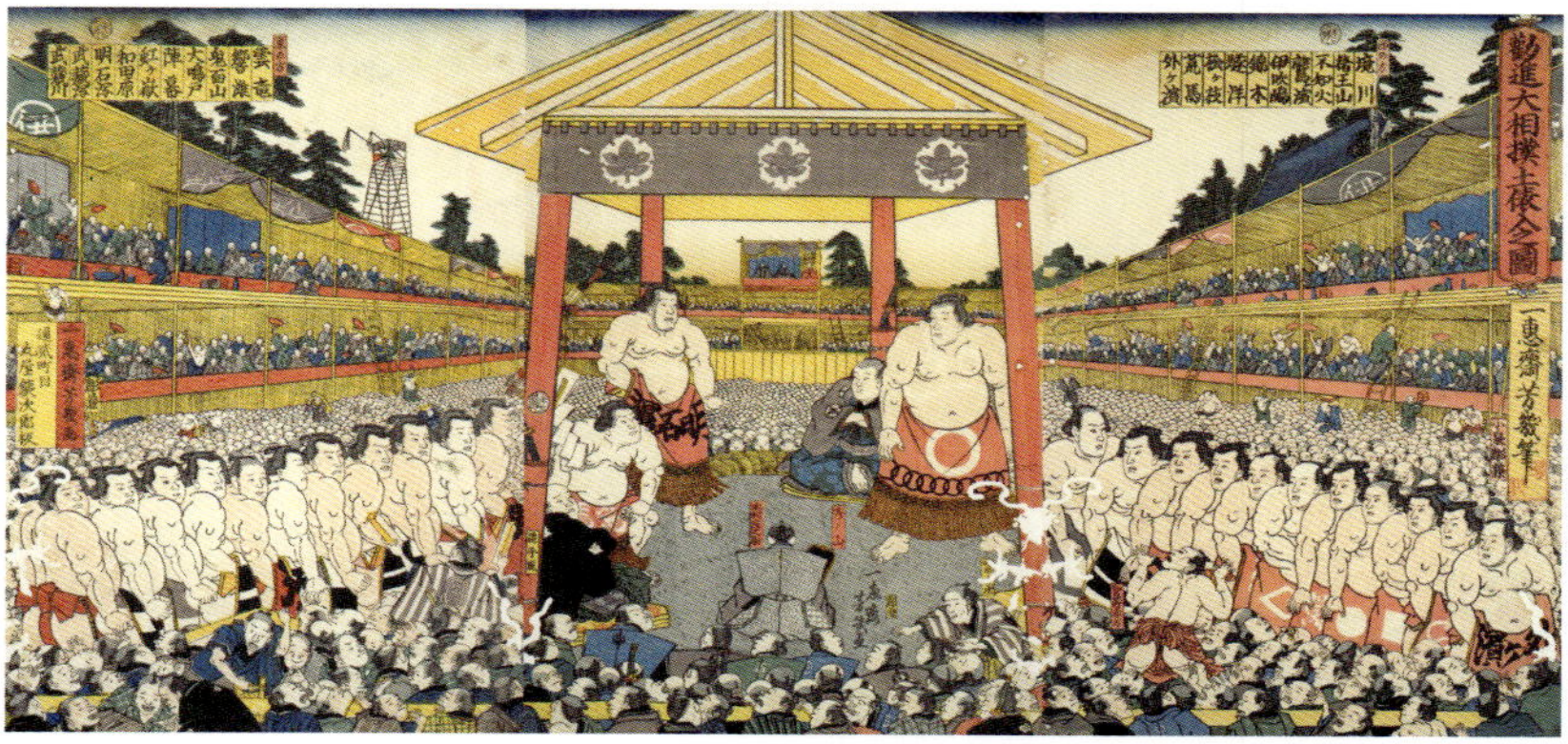

回向院の境内で開催された本場所での土俵入りの様子。1階の枡席、2階の桟敷席とも観客がぎっしり入っており、相撲人気の高さがうかがえる

『勧進大相撲土俵入之図』歌川国芳
（東京都立図書館蔵）

力士たち

1780年代末に活躍した力士の似顔絵集。人気力士の登場により、寛政年間（1789～1801年）には、江戸の相撲熱がピークに達した

番付表

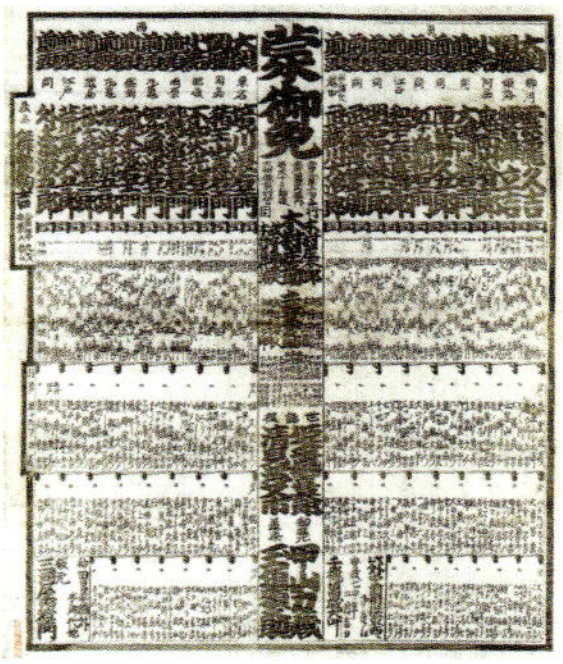

安政7（1860）年春場所の番付表。横綱はおらず、雲龍と境川が東西の大関に位置している。この相撲番付の形式をもとに、歌舞伎役者、長者、山・川、名所旧跡など、さまざまな見立番付がつくられた

（東京都立図書館蔵）

もっと知りたい！ 江戸の暮らし

最強力士・雷電

江戸時代の最強力士とされていたのが雷電為《らいでんため》右衛《え》門《もん》です。寛政2（1790）年に初土俵を踏んで以来、9割6分という驚異的な勝率で勝ちまくり、敗戦はわずか10。土俵上で相手を投げ殺したとも伝わります。多くの相撲ファンが最強力士と認めていました。

江戸時代に庶民の間で“ホラー”が流行していた！

日本では古くから妖怪という存在が信じられてきました。人に恐怖心を起こさせ、災厄をもたらすこともある霊的存在もしくは怪異現象を妖怪とみなし、さまざまな妖怪を生み出し、語り継いできました。

しかし、江戸時代には「妖怪はいない」という考えが一般的になり、妖怪を娯楽として捉える風潮が強まります。そして18世紀中頃から妖怪文化が発展しはじめたのです。

たとえば、十返舎一九の『化物忠臣蔵』など、妖怪（化物）が登場する黄表紙が多数発刊されました。夜中に何人かが集まって順番に怪談を語る百物語という催しが開かれたりもしています。さらに、絵師の世界では妖怪画のブームが起こりました。

妖怪画の火付け役とされるのが鳥山石燕《とりやませきえん》です。室町時代の絵巻をもとに描いた妖怪画集『画《が》図《ず》百鬼《ひゃっき》夜行《やこう》』を安永５（1776）年に発表し、後世の画家にも大きな影響を与えることになりました。

蔦屋重三郎に才能を見出され、『冨嶽三十六景』などの名作を残した天才絵師・葛飾北斎も妖怪や幽霊を題材にした作品をいくつも描いています。先に述べた百物語を題材とした『百物語』のシリーズでは『四谷怪談』や『播《ばん》州《しゅう》 皿《さら》屋敷《やしき》』などの怪談に登場する妖怪や幽霊を描きました。

もうひとり、幕末から明治にかけて活躍した“最後の浮世絵師”こと月《つき》岡芳年《おかよしとし》も忘れてはなりません。東北地方の人食い鬼伝説をモチーフにした『奥州安達がはらひとつ家の図』に代表されるように、生々しく不気味な美の世界を表現。その作品は「血みどろ絵」とも呼ばれ、後世の江戸川乱歩や三島由紀夫といった文豪たちも魅了しました。

『百物語・さらやしき』葛飾北斎
（東京国立博物館蔵）

妖怪画の名作

『奥州安達がはらひとつ家の図』月岡芳年

第2章

江戸の町を歩く

の町

徳川家康によって幕府が置かれた江戸は、18 世紀になると人口 100 万人超の大都市へと発展します。江戸城を中心に活気にあふれる城下町が広がっていました。

『木曽街道 板橋之驛』渓斎英泉
（国立国会図書館蔵）

街道

東海道・中山道・甲州街道・奥州街道・日光街道の五街道。この 5 本の街道がヒトやモノの往来に使われ、江戸を発展させました
（▶ P58）

水運

江戸は「水の都」といわれるように、水路の発達が著しい都市でした。水路が生活物資の輸送を可能にし、経済成長を促したのです（▶ P60）

『冨嶽三十六景・江戸日本橋』
葛飾北斎

水道

江戸の弱点のひとつは地下水を飲み水に使えないことでした。しかし、玉川上水や神田上水などを早くに整備したことで水不足を補うことができました（▶ P62）

『東都名所 御茶之水之図』歌川広重
（国立国会図書館蔵）

浮世絵でわかる江戸

江戸の人口

18 世紀の江戸の人口は 100 万人以上。都市としての規模は世界最大級でした。その立地環境と参勤交代制度がこれほどの大都市をつくり上げたのです（▶ P52）

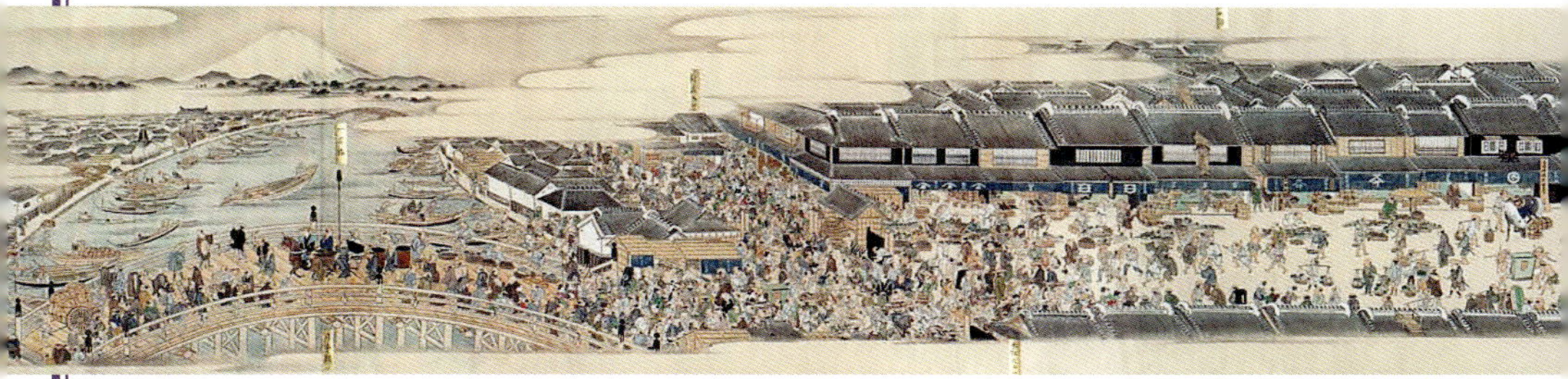

『熈代勝覧』（ベルリン国立アジア美術館蔵）

江戸の範囲

江戸の範囲は現在の東京 23 区の半分くらいしかありませんでした。そこに 100 万人超が暮らしていたため、とくに町人地の人口密度の高さがすさまじいものだったといわれています（▶ P54）

『旧江戸朱引内図』（東京都公文書館蔵）

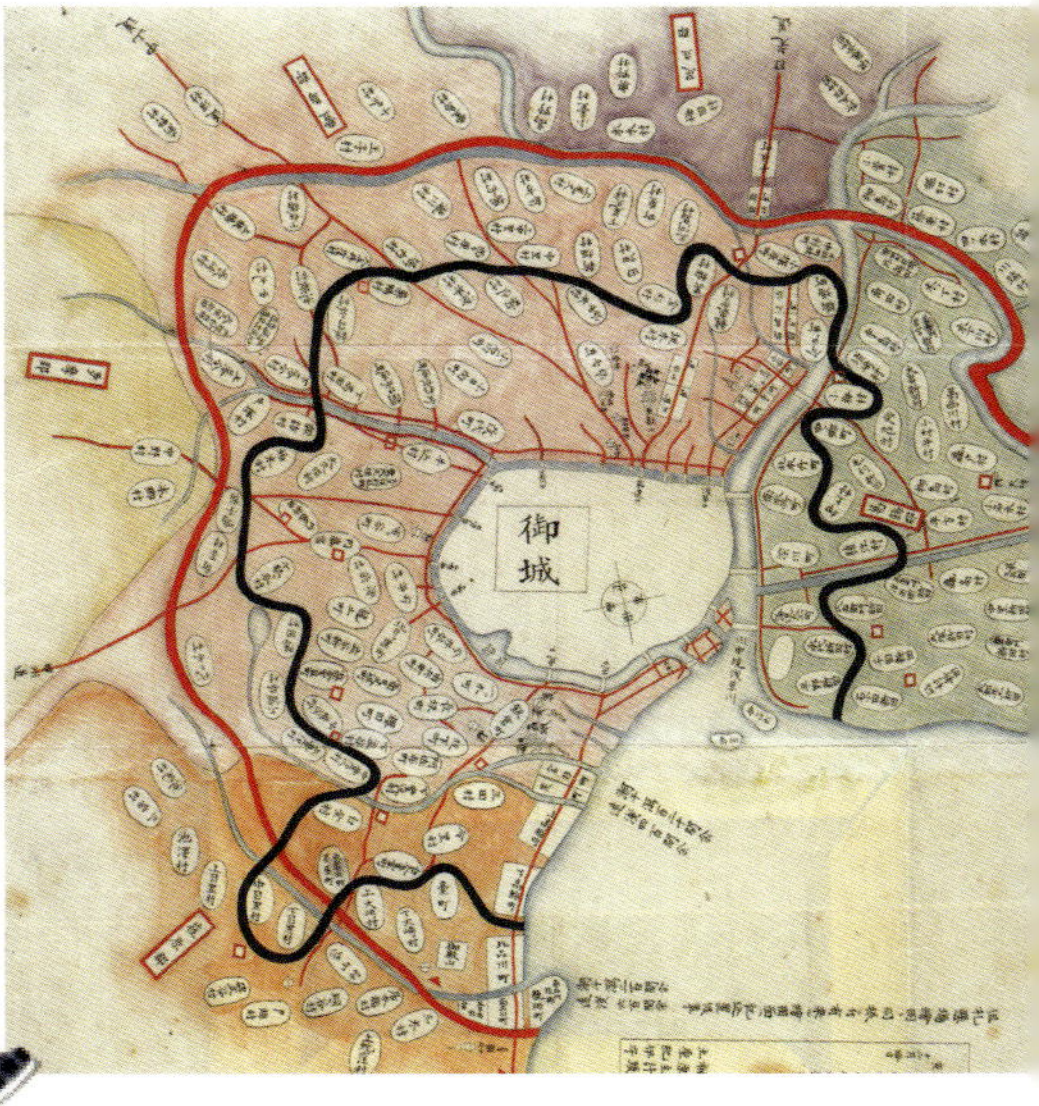

江戸城

江戸のシンボルといえば江戸城。ありし日の天守は市中のどこからでも望むことができ、その威容を天下に示していました（▶ P56）

『江戸図屛風』（国立歴史民俗博物館蔵）

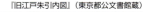

江戸が世界最大級の都市に成長したのは、あの制度が理由だった！

蔦重のポイント解説

江戸はその立地環境のよさと参勤交代の実施によって、100万人都市へと発展しました

江戸は世界最大級の都市

将軍のおひざ元である江戸は、18世紀には人口100万人を超える世界最大級の都市でした。開府《かいふ》後まもない慶長《けいちょう》16（1611）年時点での町人人口は、15万人程度だったと推定されています。しかし、それから100年ほど過ぎた享保《きょうほう》6（1721）年には50万人を超え、50万人を優に超えていたとされる武家人口と合わせて100万人を突破していたとみられています。なぜ、江戸はこれほど巨大な都市に発展したのでしょうか。その理由は主に2つありました。

参勤交代制度で一極集中が進む

ひとつは、江戸の立地環境です。江戸に城を築いたのは室町時代後期の武将・太《おお》田《た》道灌《どうかん》。15世紀半ば、江戸は陸路で関東各地と結ばれていたうえ、海路で東海地方や東北地方と結ばれた港町として栄えていました。そうした交通のターミナルである点に目をつけ、道灌は築城しました。当時から港には商船が出入りし、城下は商人が市を開くなど著しく発展していました。また周囲を見渡すと、関東平野という広大な土地が広がっており、ますますの発展が見込まれました。そうした理由で、徳川家康は江戸を本拠とし、さらに幕府を開いたのです。

江戸発展のもうひとつの理由は参勤交代《さんきんこうたい》です。江戸開府で人口が増加するなか、幕府は全国の大名に対し、江戸と領地に1年ずつ在住を義務づける参勤交代を実施。大名たちは大勢の家臣を連れて江戸にやってきたため、多くの情報や文化がもたらされ、それが魅力となり、江戸への人口一極集中が加速しました。こうして江戸は世界に誇る巨大都市となったのです。

江戸が世界最大級の都市になった要因

要因 1 立地環境

江戸は陸路・海路とも交通の要衝に位置しているうえ、周辺に関東平野が広がっており、発展への潜在力が高かった

要因 2 参勤交代

幕府が各地の大名に参勤交代を命じたことをきっかけに、江戸への人口一極集中が加速した

出所：楊洲周延「温故東の花第四篇旧諸侯参勤御入府之図」（国立国会図書館蔵）

享保年間（1716～36年）には町人の人口が50万人を突破。
武家人口と合わせると、江戸の人口は100万人以上に膨れ上がった！

「御府内」はどこからどこまで？ 実はあいまいだった江戸の範囲

蔦重のポイント解説

幕府は地図上に引いた朱線の内側を「府内＝江戸」としました。その範囲は現在の東京23区の半分くらいでした

拡大を続けた江戸市街

時代劇や時代小説の舞台となる江戸の町。「江戸」といえば今の東京であることは周知の事実ですが、「具体的な範囲はどこからどこまでか」と問われると答えに窮《きゅう》する人が多いでしょう。

実は江戸の町の範囲は時代によって変わっており、人口が増えるにつれて広がっていきました。当初は町の数が３００程度でしたが、18世紀に入ると９００程度に増え、俗にいう「大江《おおえ》戸《ど》八百八町《はっぴゃくやちょう》」を超過。18世紀半ばには１７００近くになり、町の範囲も拡大したのです。

幕府はどう考えていたかというと、明和《めいわ》2（１７６５）年に「江戸城から4里《り》（約16キロ）を府内とする」と大まかな目安を出しています。府内とは時代劇などでよく飛び交う「江戸御府《ごふ》内《ない》」のこと。すなわち府内＝江戸です。

また「江戸払《ばら》い」という追放刑では、「品川・板橋・千住《せんじゅ》・四谷《よつや》大木戸《おおきど》・本所《ほんじょ》・深川の外に追放する」と定められているので、これより内側を江戸とみなしていたとも考えられそうです。

現在の23区の半分しかなかった

そして文政《ぶんせい》元（１８１８）年、幕府は江戸の範囲について公式見解を示しました。江戸の地図上に朱線《しゅせん》を引き、府内と府外を分けたのです。

それによると、府内は北は板橋や千住、南は品川、東は亀戸《かめいど》が境界で、西は山手線内に相当します。現在の行政区では千代田区・中央区・港区・新宿区・文京区・台東区・墨田区・江東区・渋谷区・豊島区・荒川区の全域、さらに品川区・目黒区・北区・板橋区・練馬区の一部が該当し、23区の半分ほどしかありません。江戸の町の範囲は、今の東京より狭かったのです。

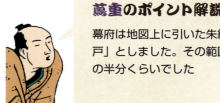

幕府が定めた江戸の範囲

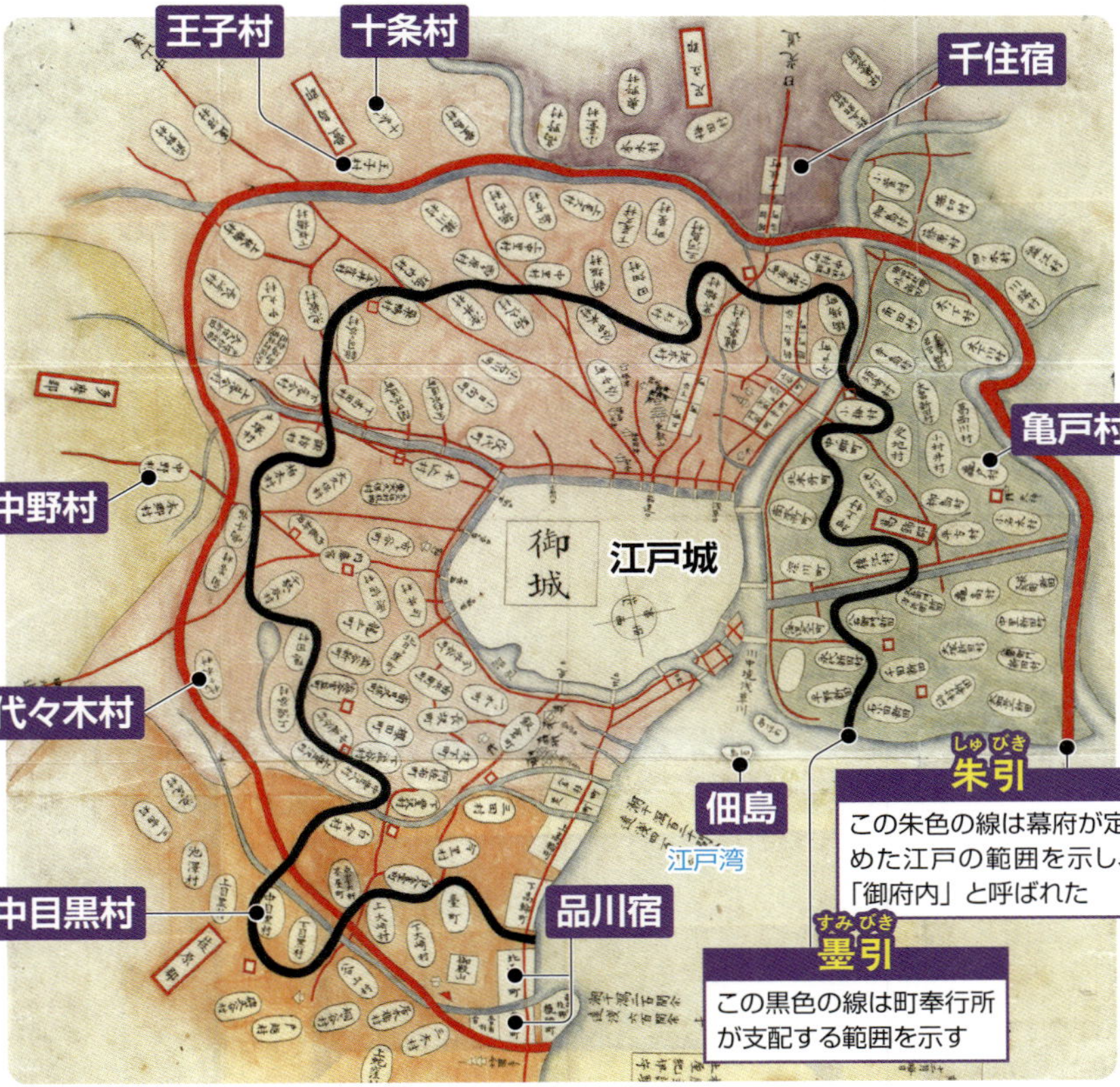

『旧江戸朱引内図』東京都公文書館蔵

もっと知りたい！ 江戸の暮らし

江戸は超過密都市だった！

江戸の町は武士が暮らす武家地と寺社の領域である寺社地が全体の8割を超えており、人口の過半数を占める庶民が暮らす町人地は2割にも達しませんでした。そのため、人口密度は1平方キロあたり6万人近いという、現在の東京の約9倍もの超過密状態になっていたのです。

江戸のシンボルとなっていた江戸城 その巨大で豪壮な姿に迫る

蔦重のポイント解説

江戸城は徳川将軍家の力を誇示した壮大な城。天守はすぐ失われましたが、圧倒的な規模を誇っていました

超巨大な将軍の居城

世界最大級の都市、江戸の中心に位置していたのが江戸城です。将軍の居城にして幕府の政庁であり、江戸のシンボルとなっていました。

敷地面積は約２０８０ヘクタール。千代田区ほぼ全域と中央区、港区の半分、さらに新宿区や台東区、文京区の一部も含むエリアに相当するといえば、いかに広大かがわかるでしょう。

その構成は内濠《うちぼり》に囲まれた中心部の内郭《ないかく》と、隅田川《すみだがわ》、江戸湾、外濠《そとぼり》に囲まれ、内郭の周辺に広がる外郭《がいかく》からできています。現在、一部が皇居となっている約４２５ヘクタールの部分が内郭で、本丸をはじめ二の丸、三の丸、西の丸などが置かれており、本丸には天守《てんしゅ》や将軍の生活の場である本丸御殿《ごてん》（P70参照）がありました。

一方、外郭には武家屋敷や寺社地、町人地などが計画的に配置されていました。いわゆる城下町のほとんどは外郭に含まれます。

3代将軍の時代に完成した

室町時代に太田道灌が築いた当初の江戸城は、簡素な城でした。それを江戸に入った徳川家康が慶長《けいちょう》８（１６０３）年から大改修を行い、次第に大きくしていったのです。

改修事業は2代将軍・秀忠《ひでただ》、3代将軍・家光《いえみつ》の代も続けられ、家光の時代には寛永《かんえい》15（１６３８）年に5層6階で高さ約58メートルの天守が完成。城下町まで濠や石垣で囲んだ惣《そう》構《がまえ》もできました。

しかし、天守は明暦《めいれき》３（１６５７）年の明暦の大火で焼失。本丸も文久《ぶんきゅう》３（１８６３）年に火災にあい、以後、再建されませんでした。それでも天守台や城門などは今も残っています。

江戸城の全貌

現在の江戸城（皇居）近郊

江戸城は内郭と外郭から成り、その敷地面積は約2080ヘクタールに及んだ

18世紀はじめ頃の江戸城

天守

5層6階、高さ約58メートルの天守が建っていた。現在は天守台のみが残る

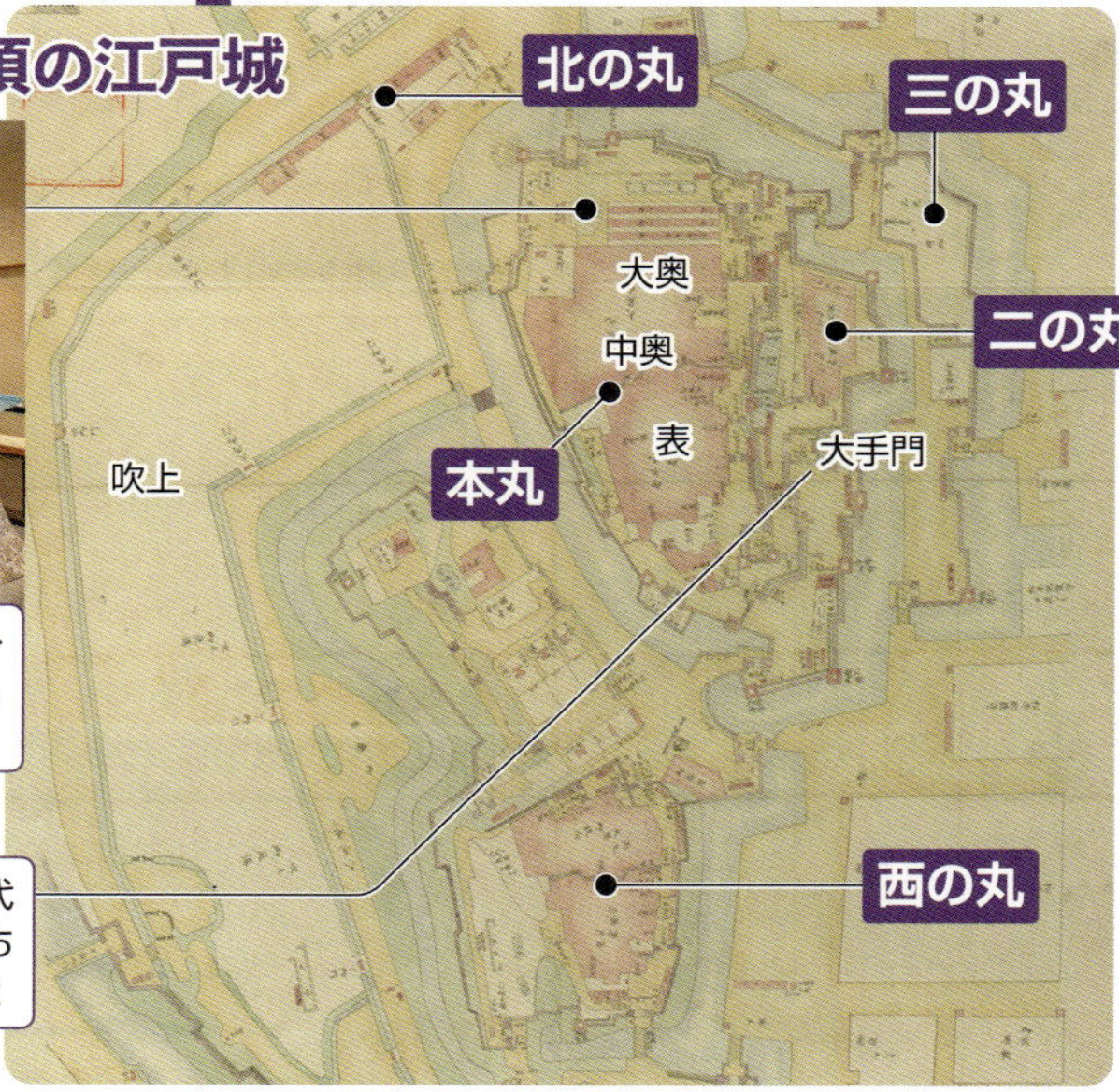

江戸城の正門。参勤交代で江戸滞在中の大名たちが登城する際に使用した

『江戸城図』（国立国会図書館蔵）

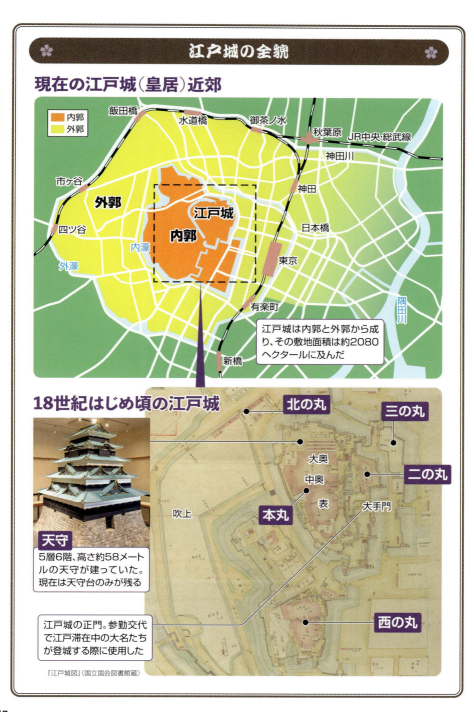

すべての道は江戸へとつながっていた！ 大動脈となった五街道

蔦重のポイント解説

江戸・日本橋から京都・地方へと通じる５本の街道がヒトやモノの往来を支え、江戸を発展させました

ヒトやモノの往来を支える5本の道

道路は国家の根幹です。交通網が整備されていなければ、経済発展は望めません。江戸時代には五街道《ごかいどう》と呼ばれる江戸・日本橋から全国に通じる5本の主要街道が設けられ、ヒトやモノの往来を支えていました。

五街道とは東海道《とうかいどう》・中山道《なかせんどう》・甲州街道《こうしゅうかいどう》・奥《おう》州街道《しゅうかいどう》・日光街道《にっこうかいどう》のこと。３代将軍・徳川家光によって参勤交代が制度化されたことで整備が促進されました。

五街道のなかで最も重要だったのが東海道です。江戸、京都間５００キロ弱を結ぶ幹線道路で、途中には品川、小田原、箱根、浜松、岡崎、桑名など53の宿場《しゅくば》町《まち》がありました。平坦な道だったこともあり、参勤交代の大名や町人など多くの人々が利用していました。

東海道の裏道的存在が内陸を通る中山道です。山道もありますが、交通量が少なく、大きな川を渡らなくてすむため、公卿《くぎょう》の姫君が江戸に嫁《とつ》ぐ際などに使われました。14代将軍・家茂《いえもち》に嫁いだ和宮《かずのみや》も、この道を通っています。

芭蕉も通った奥州街道

甲州街道は八王子方面から甲斐《かい》国（甲州）を通り、下諏訪《しもすわ》で中山道と合流します。幕府の有事の際に将軍が緊急避難路として使うことを想定していたといわれています。

奥州街道は東北の陸奥《むつ》白河《しらかわ》へ向かう街道で、俳聖・松尾芭蕉が通って『奥の細道』を著したことでも知られています。

その奥州街道と道を共有し、宇都宮で分かれて日光に向かうのが日光街道。日光に家康の墓があるため、歴代将軍が参拝時に利用しました。

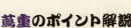

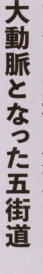

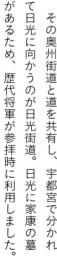

江戸から全国へ通じる五街道

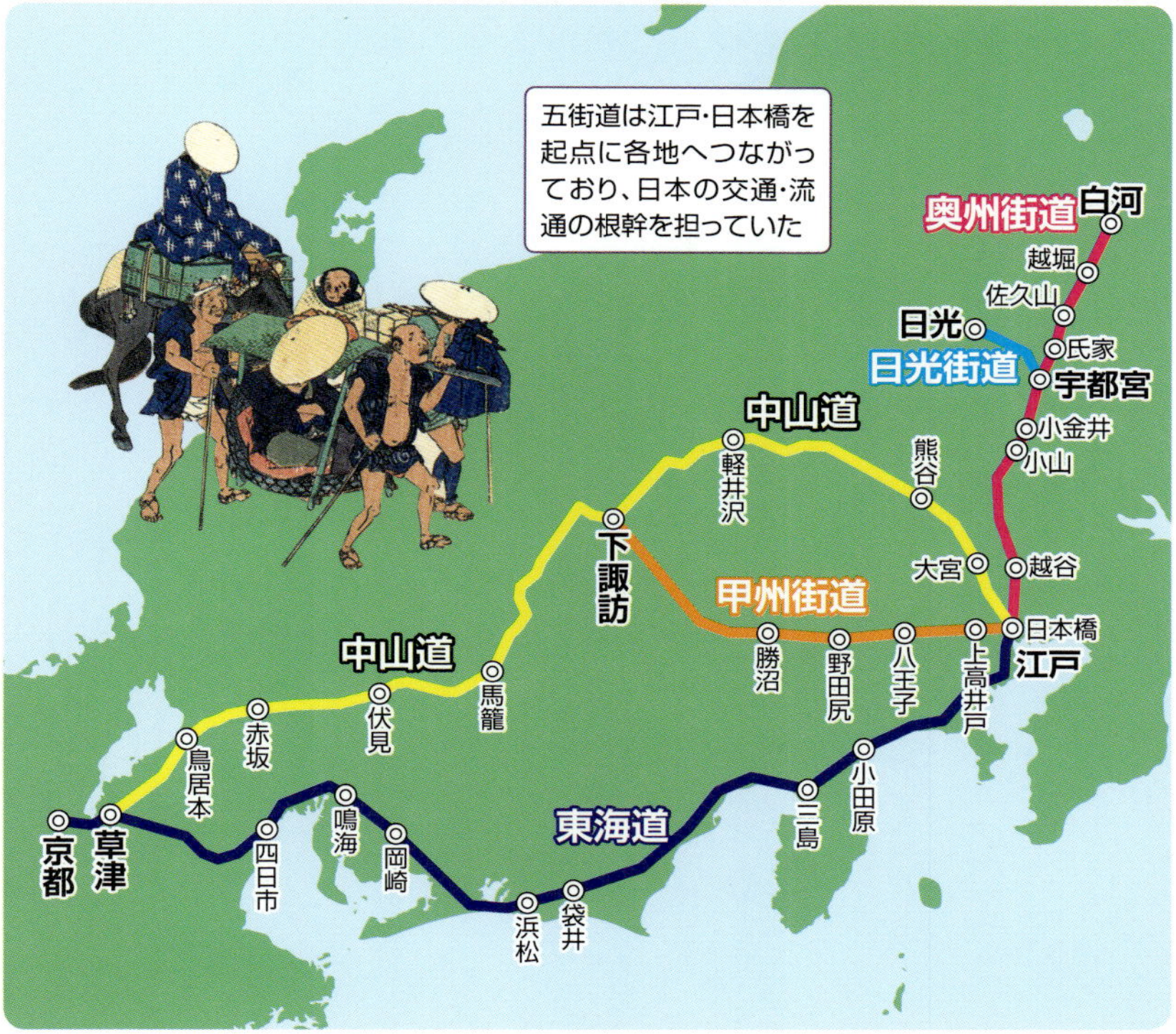

街道の中継点となった宿場の様子

歌川広重『東海道五十三次・袋井』

東海道の中間地点に位置する袋井宿《ふくろいじゅく》。
ヒト・モノの往来でにぎわっていた

宿場町模式図

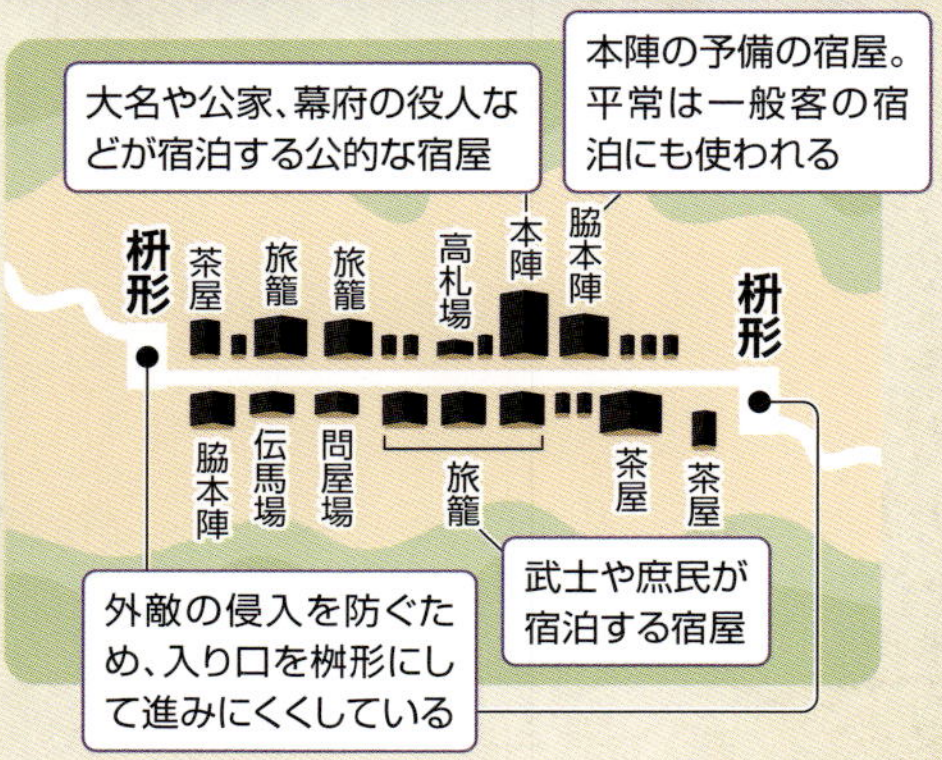

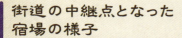

水運

「水の都」と呼ばれるほど、江戸には水路が張り巡らされていた

蔦重のポイント解説

江戸において、水路は街道とともに重要なインフラ。水路がなければ江戸は大都市になりえませんでした

大量の物資輸送が目的

江戸は「水の都」でした。水路が町の縦横に張り巡らされていたからです。今の東京は、そうした水路を埋め立てた上に建設されています。なぜ水路が発達したかというと、当時の江戸が膨大な消費人口を抱えていたことが影響しています。１００万人以上の需要を満たすためには、街道を整備するだけでは十分ではありません。水路をつくり、一度に大量の生活物資を輸送する必要があったのです。

日本海沿岸の港から津軽海峡経由で江戸へ向かう東廻《まわ》り航路と、瀬戸内海経由で大坂へ向かう西廻りの航路が開かれるなか、「天下の台所」といわれた大坂から江戸へは菱垣廻船《ひがきかいせん》が定期運航するなど、江戸には全国から大量の物資が届けられました。それを隅田川《すみだがわ》の河口で小舟に積み替え、水路を使って江戸の町の隅々に行き渡らせたのです。

市場になっていた河岸

また、物資を揚げ下ろしする川や堀沿いの陸地を河岸《かし》といい、市場の役割を担っていました。

河岸は江戸城の東側、商人町の日本橋地域や蔵《くら》が置かれていた本所・深川地域を中心に70ヶ所近くありました。日本橋川の河岸には問屋の蔵が建てられ、魚市場などが活況を呈していました。蔵や物置場は積荷の保管場所として使われ、江戸後期の河岸は蔵であふれていました。

このように、江戸の経済は水路を活用した水運に支えられていた側面があり、水路にトラブルが生じれば死活問題になりかねません。そのため、水路沿いの町では商人が主体となって水路の大掃除、浚渫《しゅんせつ》作業を行っていたのです。

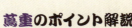

江戸に張り巡らされた水路

日本橋の賑わい

渓斎英泉『木曽街道 続ノ壱 日本橋雪之曙』

日本橋の河岸で魚などの物資を運ぶ人々

葛飾北斎『冨嶽三十六景·江戸日本橋』

日本橋の河岸には問屋の蔵が林立していた

水道

地下水は塩分が多くて使えない……だからこそ発達した江戸の上水

蔦重のポイント解説

江戸では玉川上水や神田上水などの水路が早くに整備され、江戸の暮らしを支えました

神田上水と玉川上水

時代劇をみていると、時折、長屋《ながや》の住人が井戸を使う場面を目にします。その水は地下水のように思えますが、上水の水を溜めたものです。江戸は海に近いこともあり、地下水は塩気が強く、飲み水としては利用できませんでした。そこで徳川家康は、江戸に入府すると同時に上水道の建設を命令。のちに神《かん》田上水《だじょうすい》と呼ばれることになる上水は、井《い》の頭池《かしらいけ》の水を水源とし、途中、善福《ぜんぷく》寺《じ》川《がわ》や妙正寺《みょうしょうじ》川《がわ》などと合流しながら江戸市中に流れ、神田、日本橋、京橋などの江戸北部に給水しました。

その後、人口が増えて水が不足してくると、17世紀半ばに玉川庄《たまがわしょう》右《え》衛門《もん》、清《せい》右《え》衛門《もん》兄弟が40キロ以上に及ぶ上水を建設します。この玉川上水は多摩川の水を水源とし、武蔵野台地を横断してきたのを四谷大木戸まで引き入れ、江戸南部に給水しました。

両上水の維持・管理のため、幕府は水番人《みずばんにん》を配置し、水深を確認し、ごみなどを取り除かせました。また、井戸には泥などが沈殿するため町人たちは井戸さらいを行いました。

水道管を通じて供給された

これらの上水は水源から河川のような水路を通り、江戸市中に入ると地中に埋められた石《せき》樋《ひ》や木の水道管、木《もく》樋《ひ》を通じて流れ、各上水井戸に配水されました。人々は井戸に釣《つる》瓶《べ》を落とし、溜まった水を桶《おけ》でくみ上げて使ったのです。

ただし水は無料ではありません。市中では水《みず》銀《ぎん》、分水を受ける農村は水料が徴収されました。水銀の料金は、町人は間口1間あたり年間銭11文（330円）程度だったとされています。

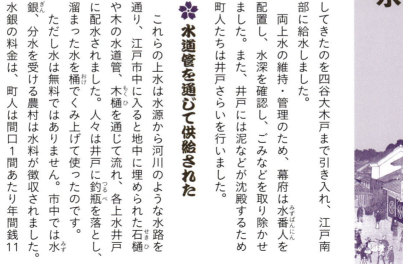

江戸の主な上水道網

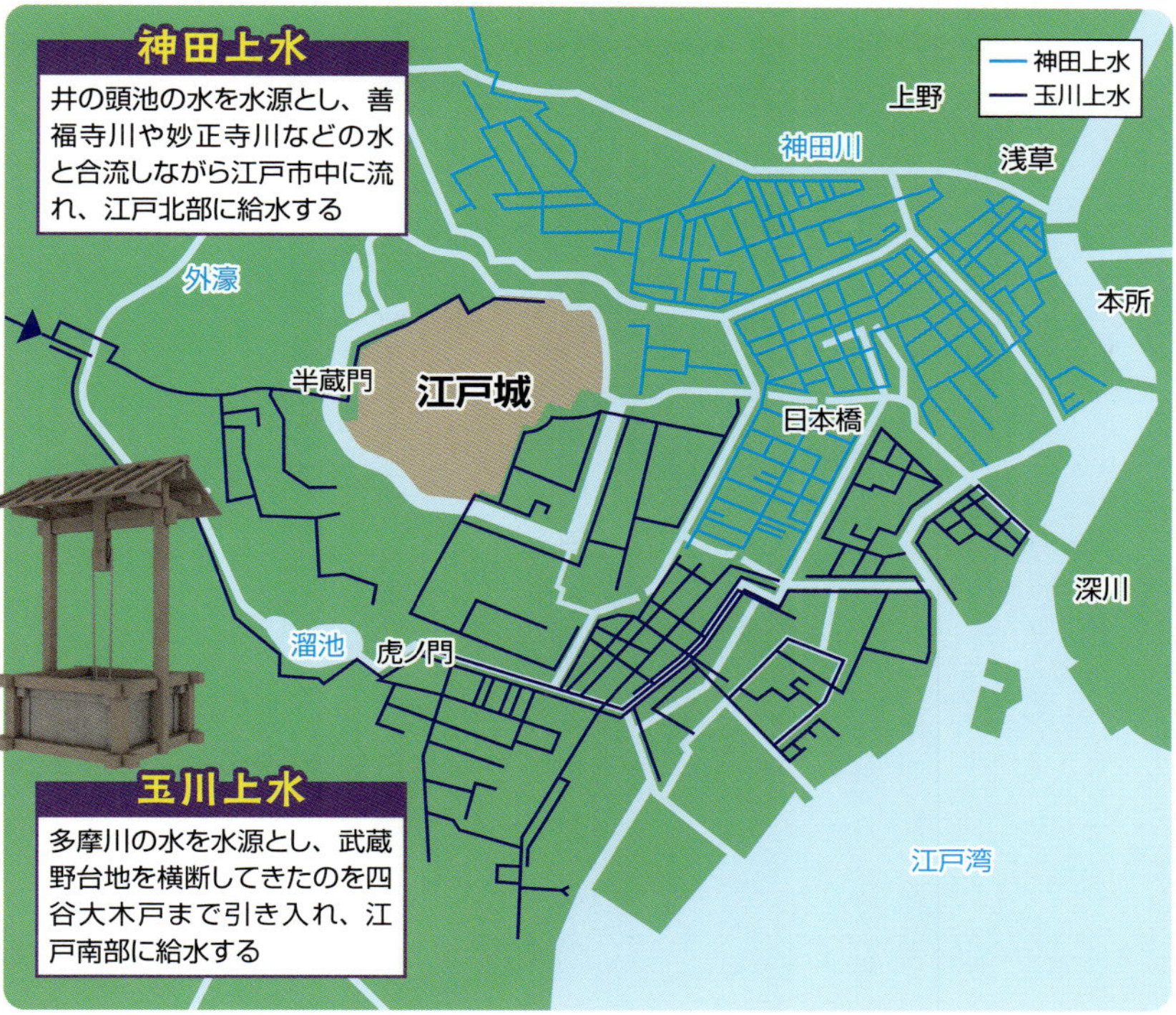

上水の水が長屋に届くまで

リサイクル

今も昔も日本は資源貧国 再利用が当たり前だった江戸の社会

蔦重のポイント解説

江戸の人々は簡単にモノを捨てません。それを前提に生活していたため、リサイクルシステムができ、モノの再利用が進みました

古鉄を再生・販売

現在の日本は資源貧国で、多くの資源を外国からの輸入に頼っています。

江戸時代は金や銀については高い産出量を誇っていましたが、時代が下るにつれて減少。当時は鎖国していたこともあって海外からの輸入に頼るわけにもいかず、資源の再利用が盛んに行われていました。すなわち、江戸はリサイクルの進んだ社会だったのです。

そうした社会ゆえ、さまざまなリサイクル業者が存在しました。その代表例としては壊れた鍋《なべ》、釜《かま》などの金属類を集める古鉄買《ふるがねか》いや、古鉄を再生・販売する古鉄屋《ふるがねや》が挙げられます。

江戸で古鉄買いになるには、幕府の許可を得なければいけません。しかし、この仕事は儲かるため、幕府からの許可証をもたずに無断で金属類を拾い集める者が数多くいました。

再生紙がふつうに使われていた

金属同様、紙も貴重だったため、町を歩きまわって落ちている紙屑《かみくず》を拾って売る紙屑拾いも存在しました。集められた紙屑が製紙業者のもとに届けられると、すき直しされ、再生紙がつくられるのです。当時、江戸の庶民は「浅草紙《あさくさがみ》」をよく使っていましたが、この名称は浅草でつくられたことに由来するものです。

古着のリサイクル業者も大勢いました。当時の庶民は古着を着るのが一般的でした。そのため繁盛している古着商人が多く、仕入れ高1万両以上を誇る古着問屋もいたほどです。

ほかにも竈《かまど》や炉《ろ》の灰《はい》を集めて肥料用に売る灰買い、壊れた履物を集めて修理して売る雪駄直《せったなお》しなどがおり、リサイクルが進んでいました。

江戸のおもなリサイクル業者

廃品回収業者や修理職人が江戸のリサイクル社会を支えていた。人々はモノを捨てないことを前提に生活していた

紙屑買い

使用済みの紙を買い入れ、再生紙を製造する業者にまわす

鋳掛師《いかけし》

壊れてしまった鍋や釜などの鋳物を修理・修繕する職人

古傘買い

古くなった傘を下取りする。傘は傘張り業者によって修理される

灰買い

灰は土壌の改良剤などに使えるため、灰を買い入れる業者もいた

リサイクルのしくみ（衣服）

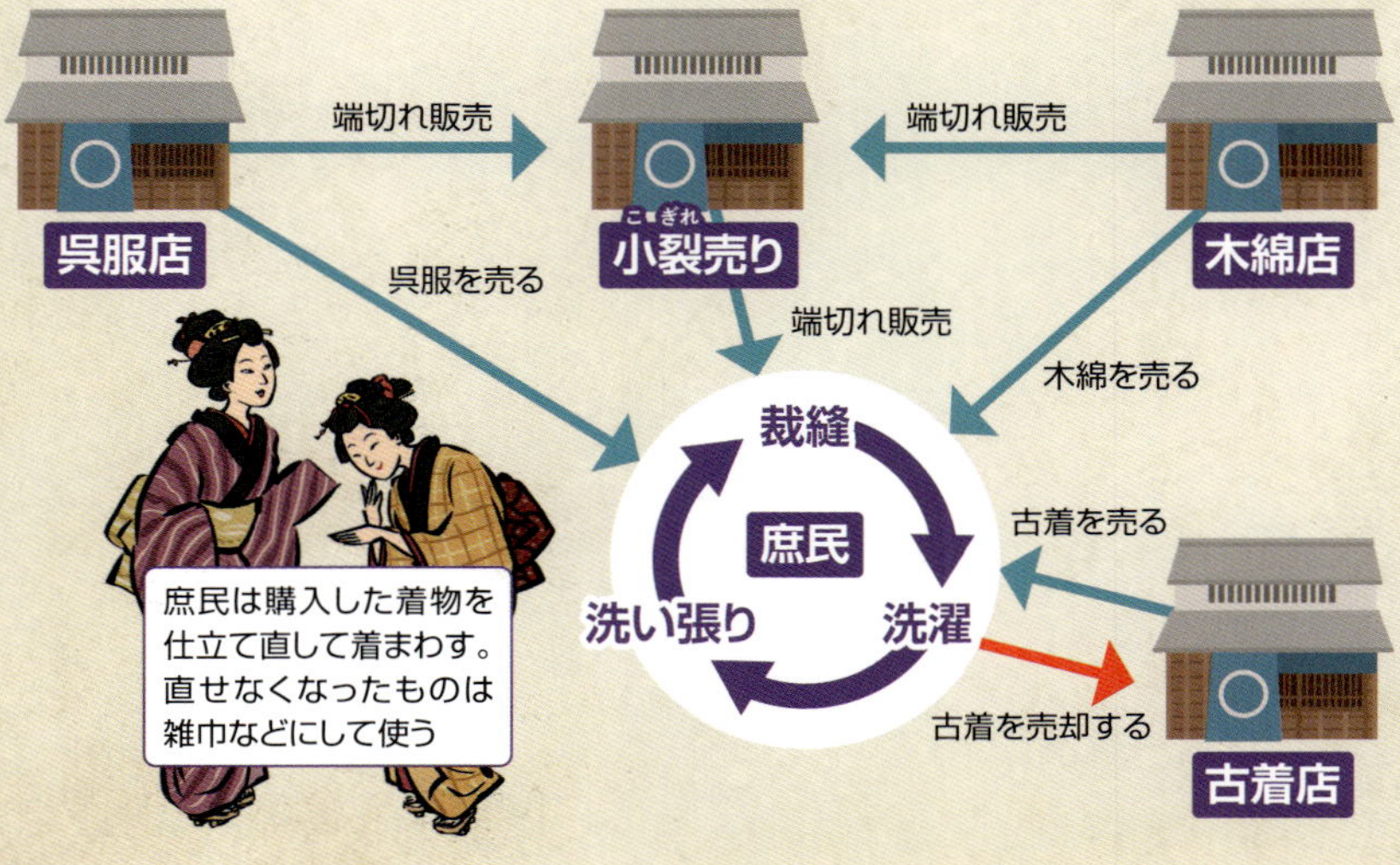

街道に設けられた数々の関所
チェックはどれくらい厳しかったのか？

江戸時代は五街道が整備されてヒト・モノの往来を支えましたが、幕府は治安維持のため街道沿いなどに関所を設置しました。

関所を通行する際には、往来手形と関所手形を提示しなければいけません。往来手形は檀那寺が発給する身分証明書のようなもので、関所手形は居住地を管轄する奉行所が発給するものです。通行者はこの２つの手形を呈示し、女性の場合はさらに「人見女」と呼ばれる女性からのチェックを受けたのです。

関所は「入鉄砲出女《いりでっぽうにでおんな》」といわれるように、江戸に運び込まれる鉄砲と江戸に人質として居住させている妻女の抜け出しをとくに警戒していたとされています。

しかし、実際は意外と簡単にチェックをクリアできました。関所を通る人々があまりに多く、全員を厳密に確認している余裕がなかったのです。

関所手形は奉行所発給のものでなくてもOK。何ももっていなくても、怪しくなければ通してくれました。

では、なぜ関所を通行する人が多かったのでしょうか。それは政治・経済の安定、街道の整備などが進み、国内旅行が盛んになっていたからです。

とくに多かったのが「お伊勢参り」で伊勢神宮へと向かう人々。「一生に一度はお伊勢さんに参拝したい」という旅人が激増し、関所の関係者を悩ませました。彼らを捌き切るには厳格なチェックをしているわけにはいかず、どうしてもルーズになってしまいました。

次第に有名無実化していった関所のチェック。その背景には、全国的な旅行ブームがあったのです。

東国の主な関所

箱根関所とともに厳しいことで知られていた新居関所

『五十三次名所図会 卅二 あら井』歌川広重
（国立国会図書館蔵）

第3章

江戸の日常生活をのぞき見る

の日常生活

江戸時代は支配層の武士と被支配層の町人や農民などに大別される身分制社会。その社会で彼らはどんな日常を送っていたのか。将軍から武士、町人までの衣・食・住をはじめとする暮らしの様子に迫ります。

庶民の住まい

庶民の多くは長屋暮らしをしていました。家族５～６人が６畳１間で生活しており、井戸やトイレは隣人たちと共同で使っていました（▶ P78）

『絵本時世粧』歌川豊国（国立国会図書館蔵）

庶民の仕事

江戸っ子は職人か商人になって生計を立てるのが一般的でした。職人では、「華の三職」といわれる大工・左官・鳶職人の人気がありました（▶ P82）

『士農工商之内』歌川豊国（国立国会図書館蔵）

銭湯通い

日本人の風呂好きは有名ですが、それは江戸っ子も例外ではありません。毎日のように銭湯に通い、汗を流し、仲間と情報交換していました（▶ P88）

『女湯』鳥居清長（ボストン美術館蔵）

教育

江戸時代の人々はほとんどが文字を読めたといわれています。高い読み・書き・計算能力の背景にあったのが寺子屋での教育システムでした（▶ P86）

『文学ばんだいの宝』一寸子花里

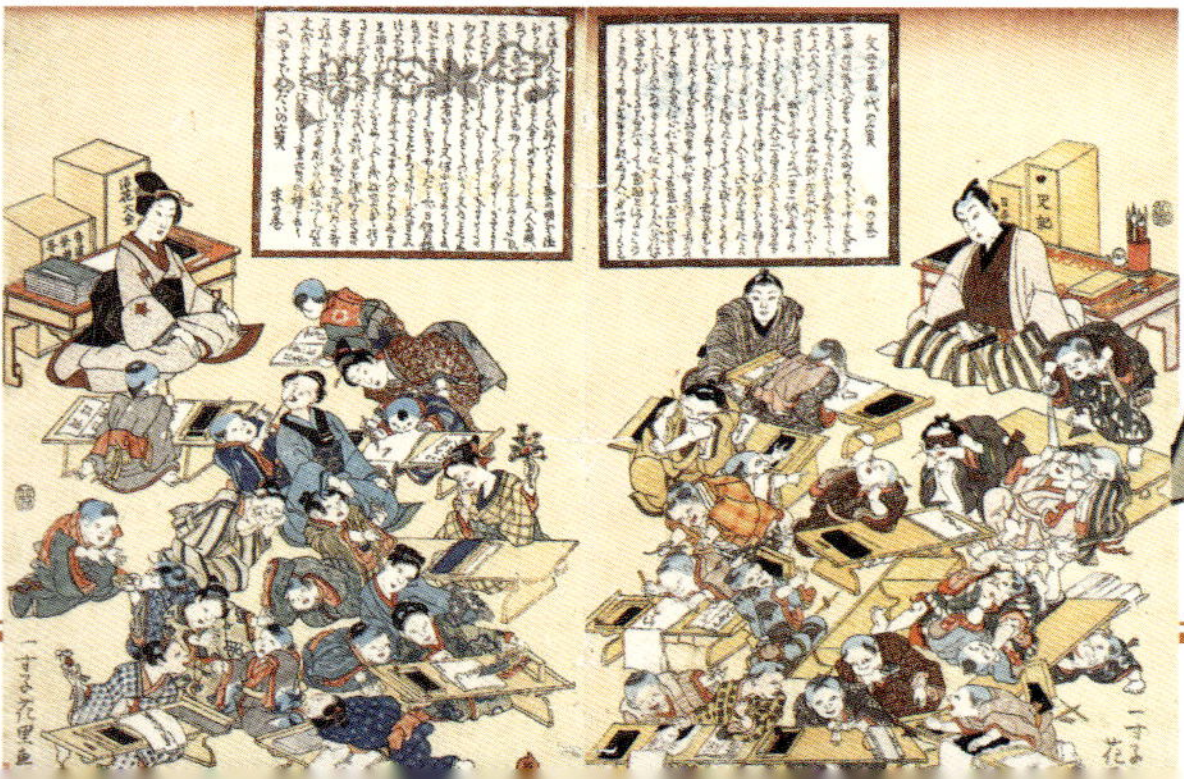

浮世絵でわかる江戸

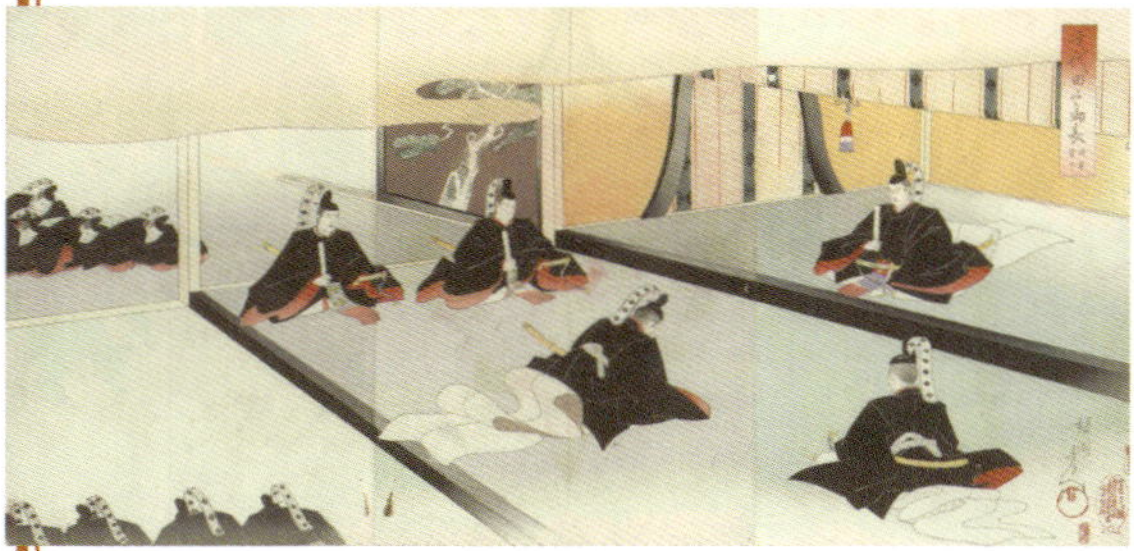

将軍の住まい

徳川歴代将軍の居城、江戸城。この広大な城のなかで、将軍は表と中奥を主要な生活の場としていました（▶ P70）

『千代田之御表 将軍宣下』楊洲周延
（東京都立中央図書館蔵）

『千代田之大奥 歌合』楊洲周延

大奥生活

将軍の夜の生活の場が大奥です。“女の園”というイメージが強いこの空間で、将軍は世継ぎをつくるために夜な夜ないそしんでいました（▶ P74）

武士の仕事

幕政は最高職の老中を中心にまわっていましたが、最も忙しくしていたのは町奉行。行政・警察・司法・消防、すべてを担当していました（▶ P76）

『扇音仝大岡政談』豊原国周（東京都立中央図書館蔵）

江戸城の内部に潜入！将軍が暮らす本丸はこんな構造だった

蔦重のポイント解説

歴代の徳川将軍は広大な江戸城のうち、表と中奥を日々の生活の場としていました。大奥は夜の生活の場となりました

本丸は表、中奥、大奥から成る

江戸のシンボルとなっていた江戸城（P56参照）。この広大な敷地面積を誇る城が歴代将軍の居城です。中心部の内郭《ないかく》は本丸、西の丸、北の丸、二の丸、三の丸などの曲輪《くるわ》で成り、将軍は本丸に住まいを構えていました。

本丸は表《おもて》、中奥《なかおく》、大奥《おおおく》に区画されています。表は幕府の政庁にあたり、公的な行事や政務が行われました。西側には公式行事を開催する部屋が集まり、東側には役人が政務を行う部屋が集中していました。

表で最も格式が高く、将軍の権威を示す場所が大広間です。ここは床の高さが異なる上段《じょうだん》之間《のま》、中段之間、下段之間から二之間《にのま》、三之間、四之間までが「コ」の字型に並ぶ約500畳もの部屋で、将軍宣下《せんげ》の儀式などが行われました。

大広間に次ぐ約300畳の広さの白書院《しろしょいん》では、諸大名の年始の祝賀なども行われました。

中奥は将軍の生活空間

中奥は将軍の生活の場と政務室を兼ねていました。その中心のひとつである御座之間《ござのま》は上段之間、下段之間、二之間、三之間、大溜之間《おおたまりのま》などから成り、応接や執務の場として使われました。もうひとつの中心である御休息之間《ごきゅうそくのま》は将軍の居間や寝室がある私的な空間となっており、将軍は多くの時間をここで過ごしたのです。さらに将軍用の湯殿《ゆどの》、そこで働く人々に提供する料理を作る台所もありました。

中奥の奥には、将軍の正室や側室《そくしつ》、女中《じょちゅう》たちが暮らす大奥（P74参照）がありました。中奥とは2ヶ所の御錠口《おじょうぐち》で通じ、御鈴廊下《おすずろうか》を通って大奥へ渡れるようになっていました。

江戸城本丸の内部

表の見取り図

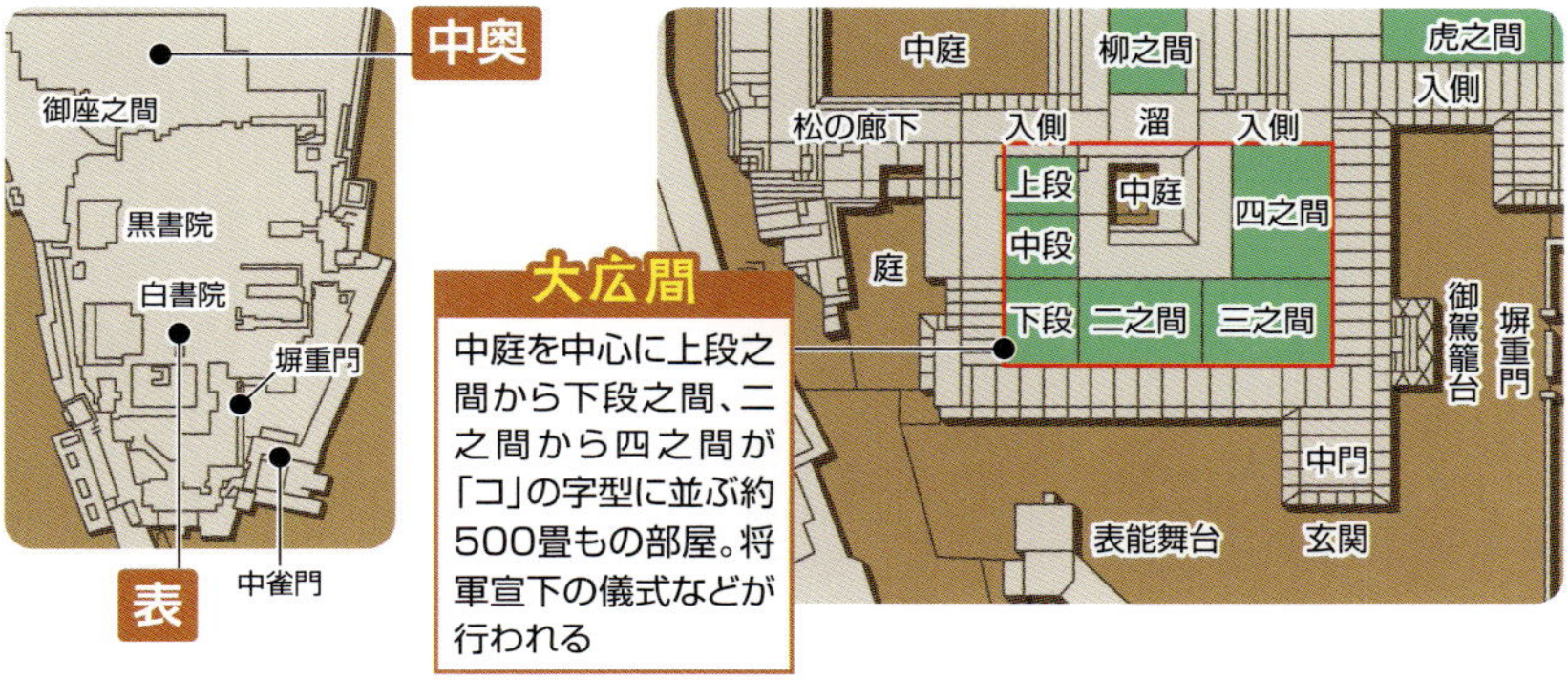

中奥の見取り図

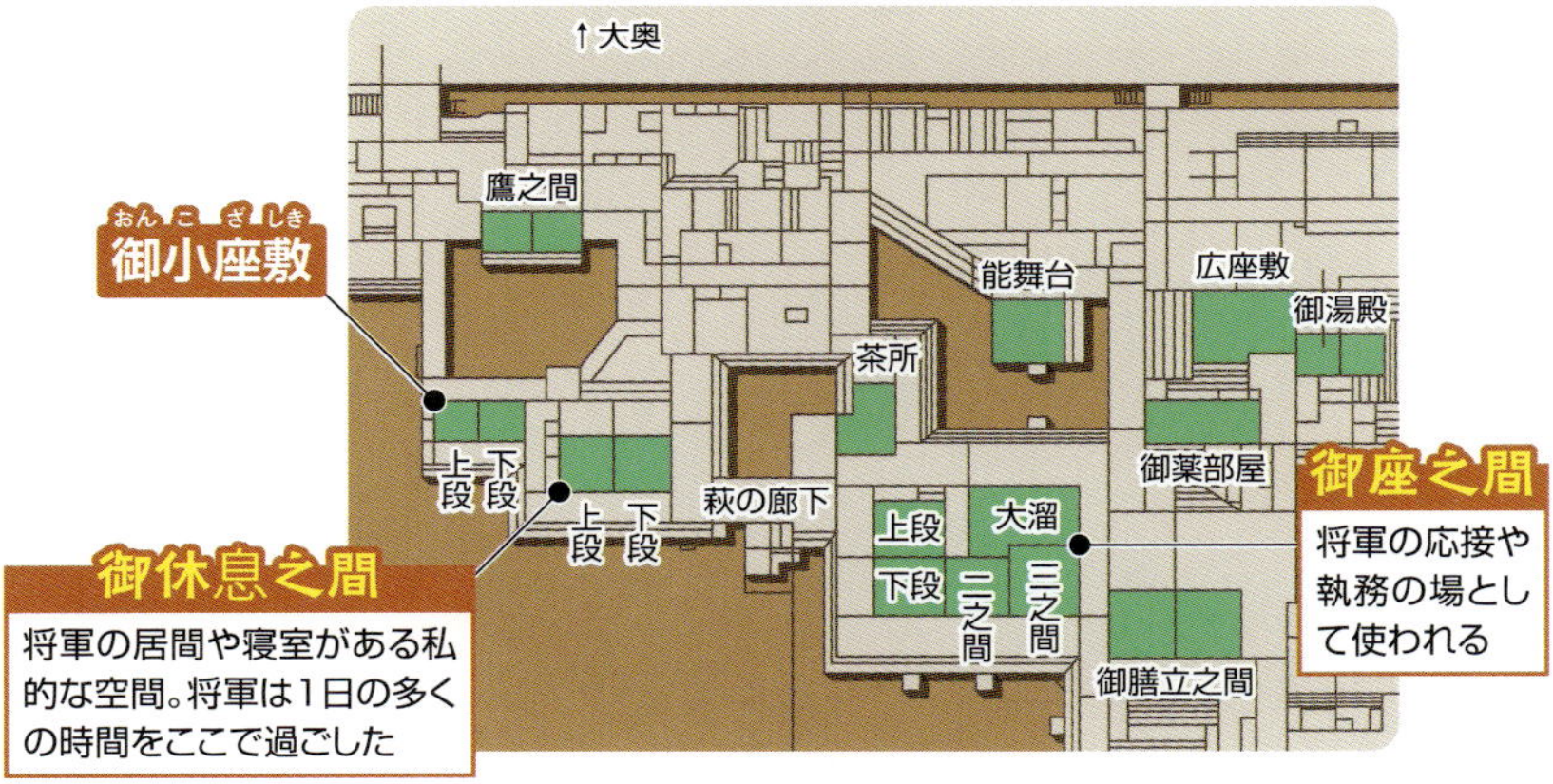

『千代田之御表 将軍宣下』楊洲周延（東京都立中央図書館蔵）

将軍の食事

天下の将軍様とはいっても、豪勢な食事を食べていたわけではない？

蔦重のポイント解説

すべての将軍が極上のメニューをたらふく食べていたわけではありません。多くは厳しく吟味された比較的質素な食事をとっていました

意外にも質素な食事だった

将軍の食事といえば、さぞや豪勢なものを食べていたのだろうと思うのではないでしょうか。たしかに将軍は、腕利きの料理人が上物の食材でつくった極上の食事を堪能していたとしても、まったく不思議はありません。

実際、将軍の食事は大勢の人々によってつくられていました。江戸城の台所では食材や食器を用意する賄《まかな》い方、調理の台所役人、毒見《どくみ》する御膳奉行《ごぜんぶぎょう》などが働いていたといいます。ところが、将軍の好みにもよるでしょうが、わりと質素な食事が多かったようなのです。

家臣らに下げ渡された料理

たとえば、朝食はご飯とみそ汁に香《こう》の物、魚がつく程度の一の膳のみで、時折、二の膳で焼き物がつきました。昼食も同じようなものです。夕食は9品くらいつきましたが、2品くらいしか手をつけない将軍も少なくありませんでした。

しかも、将軍は出来立ての料理を食べたわけではありません。毎朝、中奥で調理された料理は御膳奉行が毒見を行い、再び温め直して将軍のもとに運んできたのです。

昼食や夕食は、大奥で御台所《みだいどころ》と一緒に食事することもありました。このときの食事も中奥でつくって大奥に運ばれました。それを将軍夫妻は2品くらいしか食べず、残りは奥女中《おくじょちゅう》らに下げ渡されました。

もうひとつ、歴代将軍の命日には肉や魚が出ず、精進《しょうじん》料理となります。食材は一流だとしても、やはり質素な内容ですし、歴史が下るにつれて命日（＝精進日）が増えていくため、将軍にとっては悩みの種だったようです。

将軍の食事〜朝・昼・夕

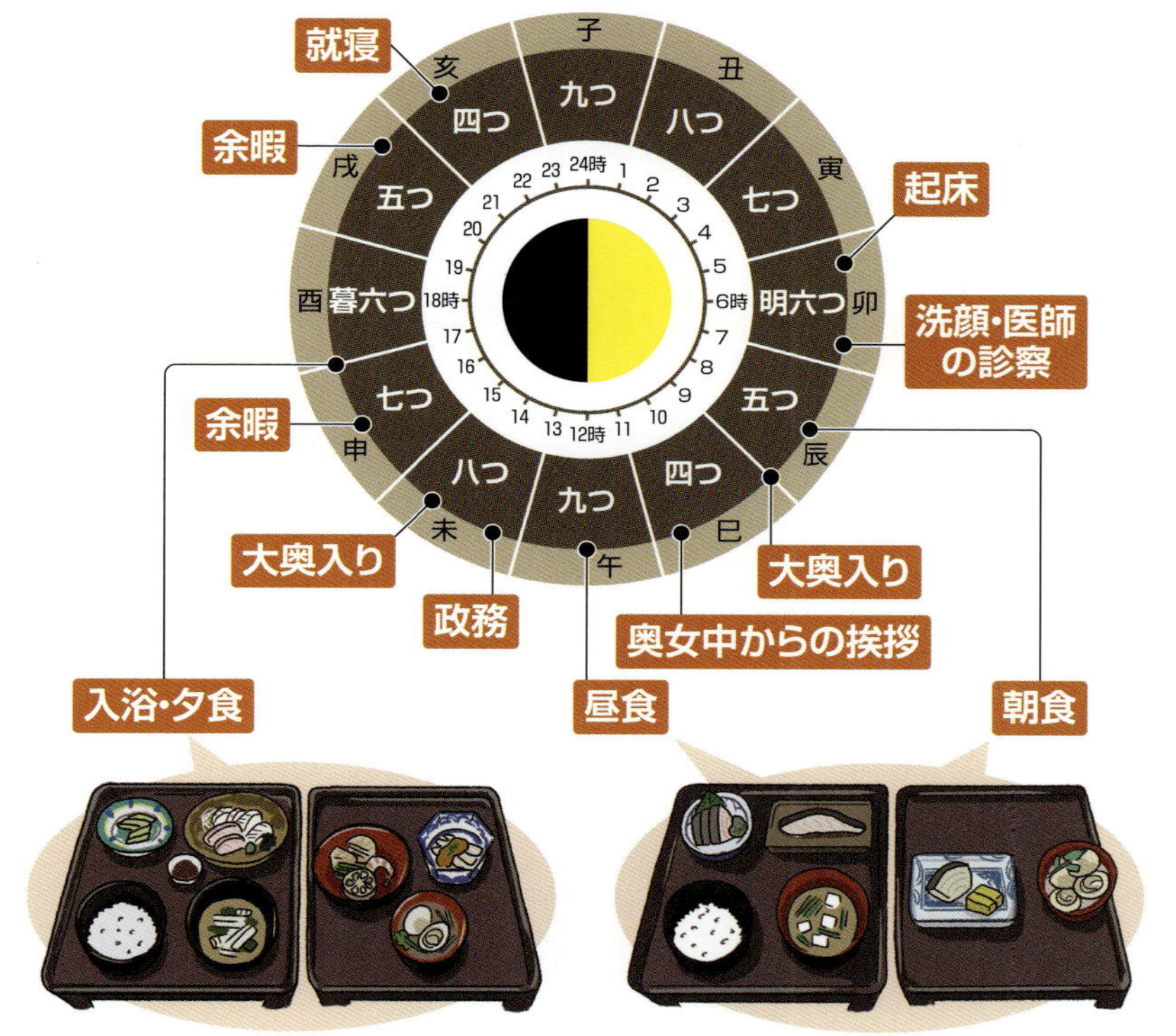

将軍とはいえ、毎回豪勢な料理ばかりを食べていたわけではない

NGとされていた食材

肉類

・鹿、猪などの獣類（ただし鴨、雁、兎などは除く）

魚介類

・サンマ、イワシ、マグロなど（脂身が多いため）
・アサリなどの貝類
・魚の干物類

野菜類

・ネギ、ニラ、ニンニク、インゲン豆など
・果物（ただし梨、柿、ミカンは除く）

大奥は〝女の園〟ではなかった!? 厳しいしきたりがあった大奥の実態

蔦重のポイント解説

世継ぎをつくるという目的を遂げるため、将軍はさまざまな制約にさらされ、なんでも自由にやりたい放題というわけにはいきませんでした

将軍のプライベートは衆人環視

江戸城の本丸にある大奥には、将軍の正室《せいしつ》や側室《そくしつ》、子女、さらに奥女中《おくじょちゅう》が住んでいました。将軍と将軍の子以外の男子は入れず、平時で400～500人、多いときで1000人近くの女性が暮らしていたといわれています。

奥女中は基本的に旗本や御家人の娘が奉公《ほうこう》し、将軍の側室に上り詰めることも望みつつ、さまざまな役職について将軍に尽くしていました。まさに〝女の園〟といったイメージですが、将軍がそのように感じていたかどうかは定かでありません。面倒なルールやしきたりがあり、なんでも自由にできたわけではないからです。

たとえば将軍が奥泊まりの際に好きな相手を呼び寄せるには、事前に御伽坊主《おとぎぼうず》と呼ばれる僧形の奥女中を通して指名しておく必要がありました。寝所に入ってからも、同衾《どうきん》している将軍と側室あるいは御中臈《ごちゅうろう》の両脇に監視役の御中臈が添い寝をし、寝ずの番をつとめたといわれています。大奥は、〝将軍の跡継ぎをつくるための儀式の場〟と化していたのです。

漏れていた大奥の情報

大奥は将軍の秘事にかかわる場ですから、当然、情報統制が敷かれ、奥女中たちに守秘義務の誓詞の提出が義務付けられました。しかし、人の口に戸を立てることはできませんでした。

たとえば13代将軍・徳川家定《いえさだ》の時代、藤波《ふじなみ》という奥女中はしばしば大奥について書いた手紙を実家に送付。井関隆子《いせきたかこ》という女性も、「家定の正室・任子《あつこ》は鷹司《たかつかさ》氏の娘ではなく、光格《こうかく》天皇の娘です」と重大事を記していました。トップシークレットが漏れ出てしまっていたのです。

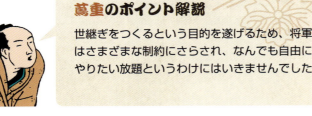

床入りの間への経路

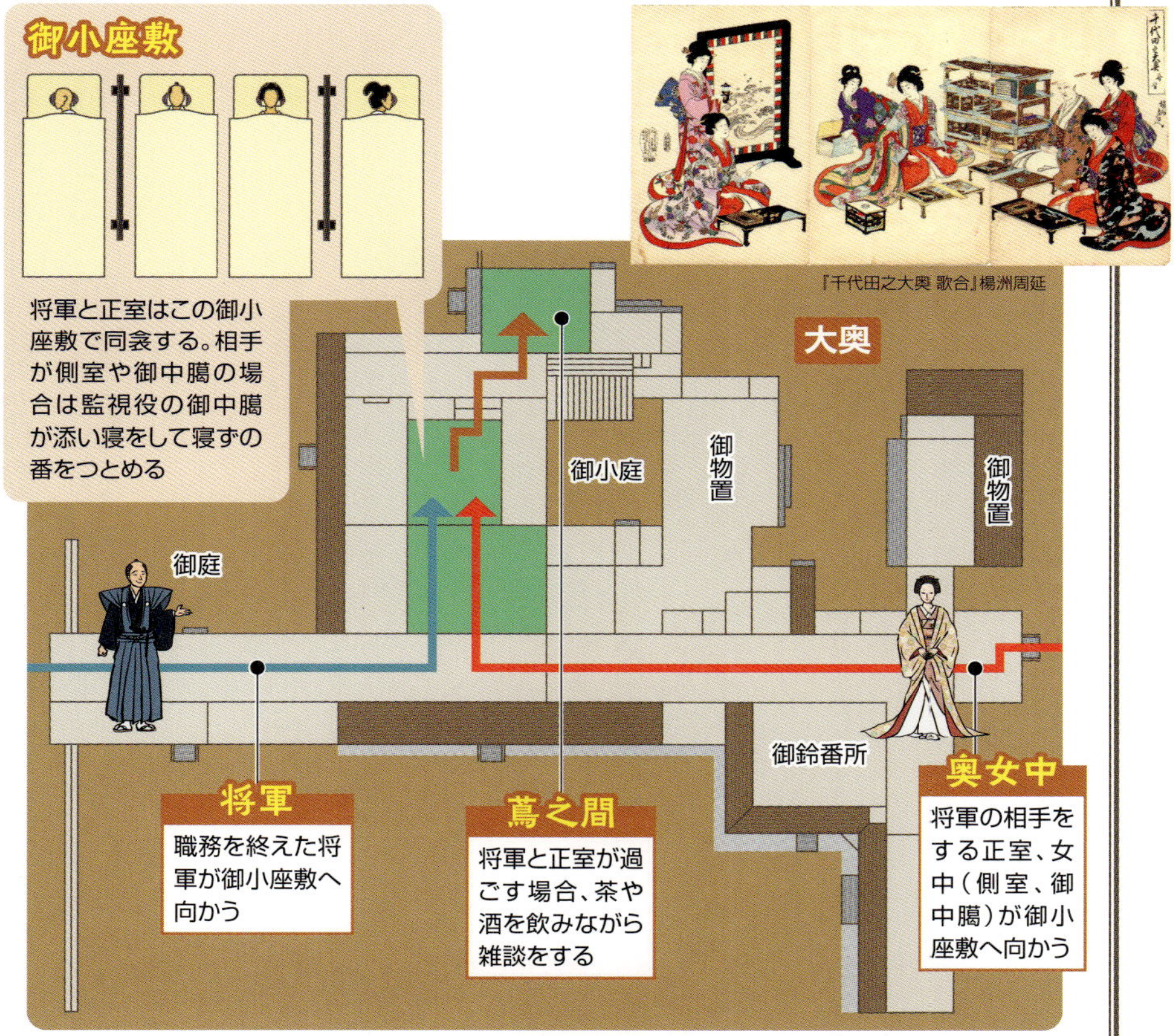
御小座敷
将軍と正室はこの御小座敷で同衾する。相手が側室や御中臈の場合は監視役の御中臈が添い寝をして寝ずの番をつとめる
大奥
御小庭
御物置
御物置
御庭
御鈴番所
将軍
職務を終えた将軍が御小座敷へ向かう
蔦之間
将軍と正室が過ごす場合、茶や酒を飲みながら雑談をする
奥女中
将軍の相手をする正室、女中（側室、御中臈）が御小座敷へ向かう
『千代田之大奥 歌合』楊洲周延

もっと知りたい！ 江戸の暮らし

将軍の営みに監視役がついたワケ

添い寝の慣習は、御中臈を監視するためにできたといわれています。5代将軍・徳川綱吉（右図）の側室だった染子は、柳沢吉保の側室となってからも綱吉の寝所で過ごすことが多く、吉保は染子を通じて「甲府百万石を与える」と綱吉に約束させたという俗説があります。こうした願い事を防ぐための慣習だったのです。

緩やかな勤務体系の武士のなかでも、町奉行が激務を強いられていた理由は？

蔦重のポイント解説

町奉行は江戸の行政・警察・司法・消防を担当する江戸の町の最重要職。優秀な人材が登用されましたが、たいへんな激務でした

幕政の最高職は老中

江戸時代の身分制社会において、支配階級に位置していた武士。彼らはどのような仕事を担っていたのでしょうか。

まず幕政の最高職である老中《ろうじゅう》は、将軍に直属して政務一般を担当。老中に次ぐ重職の若年《わかどし》寄《より》は、旗本《はたもと》と老中支配以外の諸役人を統轄していました。

勤務時間はそれぞれ４～６時間程度で、老中に関しては月番制《つきばんせい》（１ヶ月交代）と、比較的緩やかな勤務体制であったといえるでしょう。

老中のもとには諸大名の監視にあたる大目付《おおめつけ》、江戸市中の民政を担う町奉行《まちぶぎょう》、幕府直轄地の租税・行政を司る勘定《かんじょう》奉行などが置かれていましたが、そのうち最も重要で激務を強いられていたのが町奉行です。

多忙を極めた町奉行

町奉行は江戸の行政・警察・司法・消防を担当します。江戸の町のトップに君臨する立場なので、旗本から優秀な人材が登用されました。

配下の与力《よりき》・同心《どうしん》は３００人に満たず、その少人員で１００万人都市の治安を維持することは実質不可能です。そこで奉行所は、治安維持に関しては業務の一部を町人に任せ、自分たちは彼らの指導、管理に当たる方式をとります。

各町に置かれた町役人は、お上からのお触れの伝達などの自治業務を担当。木戸番《きどばん》は町の治安を担い、22時に木戸を閉めて不審者が町に入り込むのを防ぎました。また、町によっては不審者をとどめ置く自身番屋《じしんばんや》を設置しています。

町奉行の仕事は幅広く、それゆえ多忙を極めていたのです。

幕府における町奉行のポジション

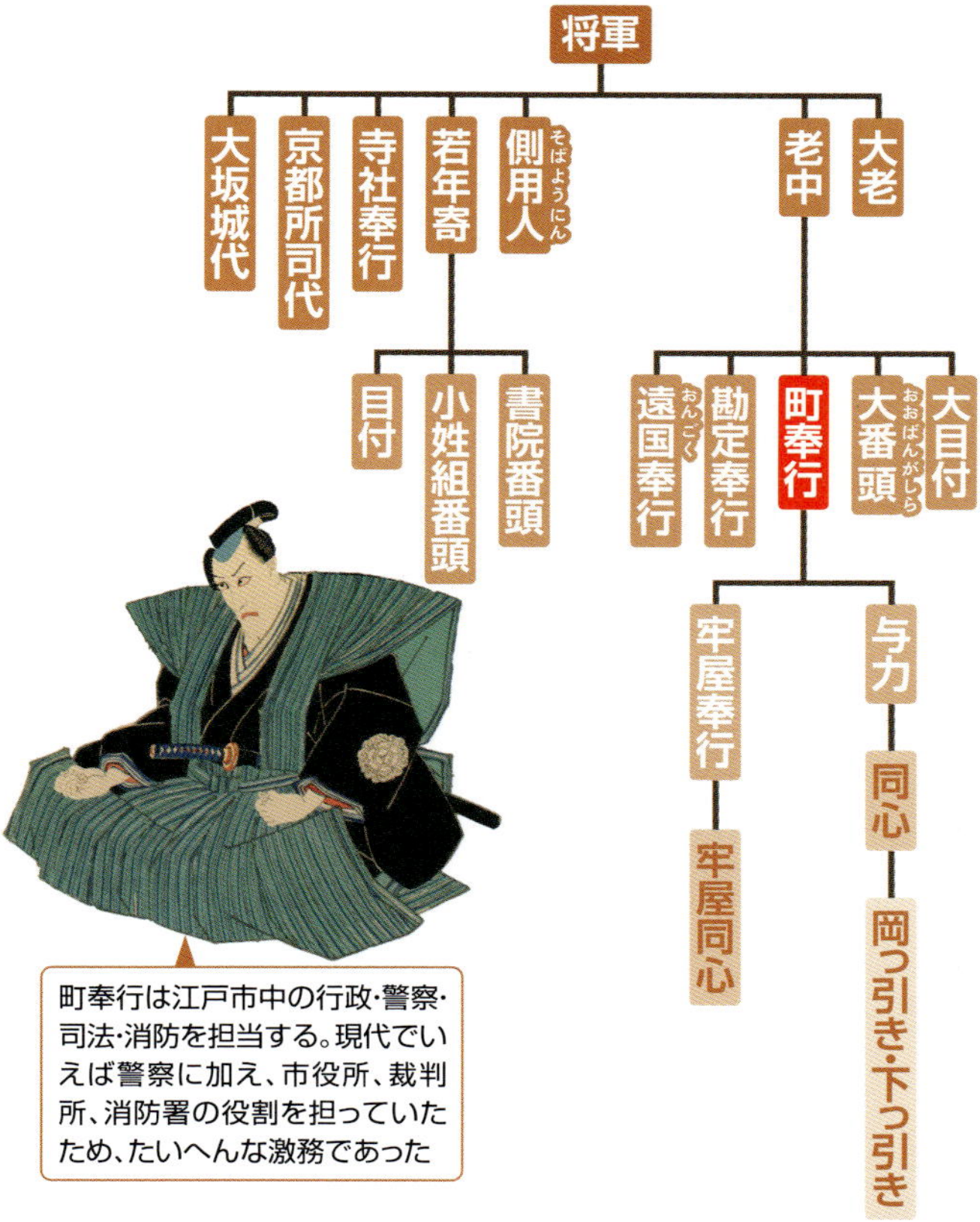

町奉行は江戸市中の行政・警察・司法・消防を担当する。現代でいえば警察に加え、市役所、裁判所、消防署の役割を担っていたため、たいへんな激務であった

もっと知りたい！ 江戸の暮らし

「お白洲」の現実

町奉行が白洲で大見得を切り、「打ち首、獄門。これにて一件落着！」などと述べるシーンを時代劇などで目にしたことがあるでしょう。しかし、そうした場面は実際にはありませんでした。町奉行は幕府の役職のなかで一番の激職ということもあり、白洲で判決文を淡々と申し渡すだけだったのです。

庶民の住まい

経済発展で豊かになった江戸時代、町人たちはどんなところに住んでいた？

蔦重のポイント解説

江戸の庶民は「9尺2間の裏長屋」と称される6畳1間のワンルームに、家族5～6人がぎゅうぎゅう詰めで暮らしていました

地借か店借がほとんど

江戸の町人は50万人もいましたが、町人地(全体の15%程度）に密集して暮らしていました。

その居住形態は土地をもつ家持《いえもち》（地主)、地主から家屋の管理を委託されている家主《やぬし》、地主から借りた土地に家屋を建てて住む地借《じがり》、地主から店舗や家屋を借りて住む店借《たながり》の4つに分かれていましたが、40万人以上は地借か店借でした。そして地借・店借の大半が店借、しかも裏通りの平屋の長屋《ながや》（裏店《うらだな》）に住む、経済的に貧しい裏店借《うらだながり》だったといわれています。

裏店借が住む長屋は裏長屋といい、割《わり》長屋と棟割《むねわり》長屋という2つのタイプがありました。割長屋の各部屋は入口と奥から出入りできましたが、背中合わせに部屋がつくられた棟割長屋は各部屋から入口でしか出入りできませんでした。

6畳一間のワンルーム

江戸では火事が多かったため、延焼のリスクを想定して、裏長屋は簡素なつくりになっていました。6畳(あるいは4畳半)1間のワンルーム、いわばプレハブ住宅です。6畳の場合、1畳半の土間と4畳半（板間か畳間）に分かれており、土間は流しと竈のある玄関兼台所で、4畳半は居間兼寝室。昼間、布団は隅に置いていたため、実際は4畳程度の空間に家族5～6人で暮らしていました。

井戸やトイレは外の共同空間にありました。井戸の周りでは住民が話に花を咲かせたことから生まれたのが「井戸端会議《いどばたかいぎ》」という言葉です。

過酷な住宅環境ですが、そのぶん家賃は安く、文化《ぶんか》・文政《ぶんせい》年間（1804～30年）時点では月500文（1万5000円）でした。

江戸の庶民が住んだ裏長屋

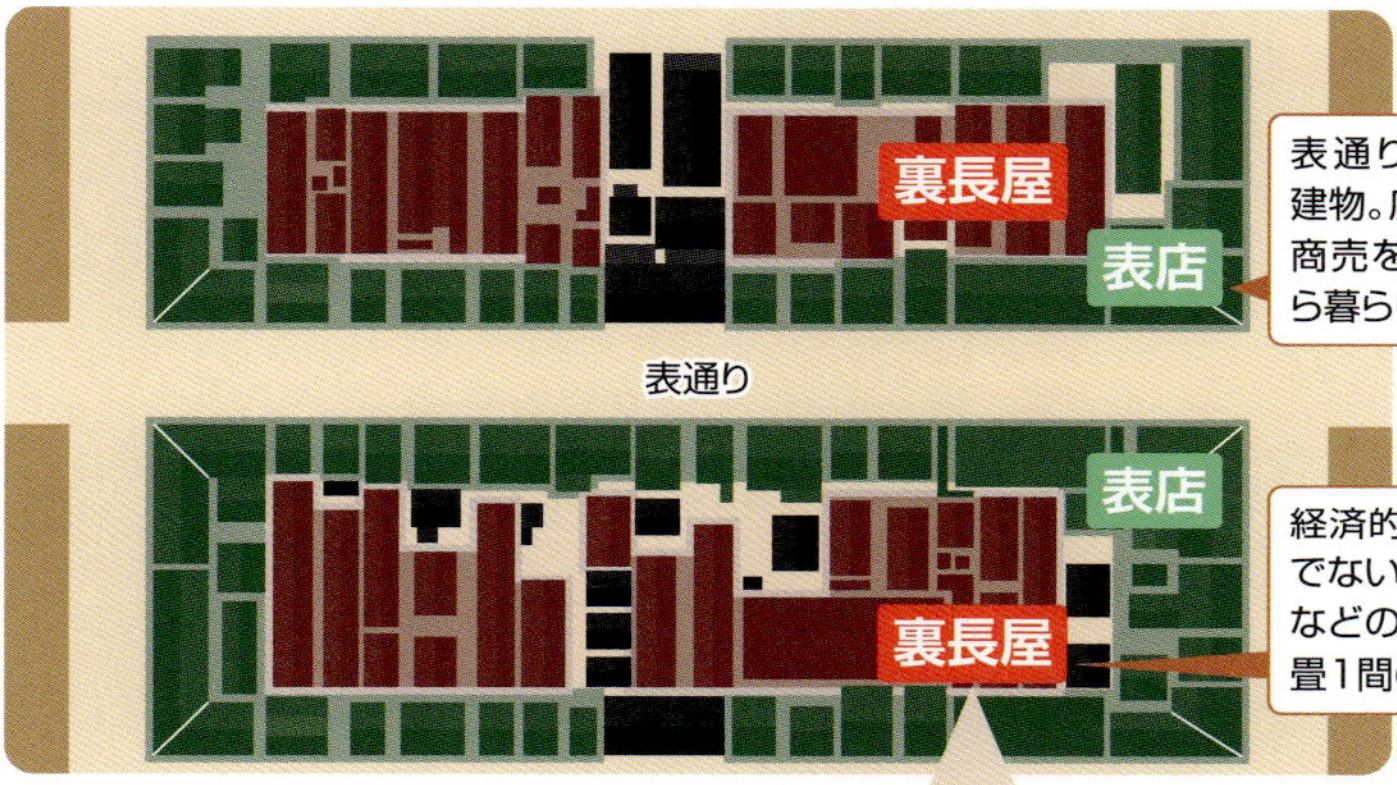

表通りに面した建物。店舗にして商売を営みながら暮らしている

経済的にあまり豊かでない行商人や職人などの町人が住む6畳1間の共同住宅

棟割長屋

4畳半

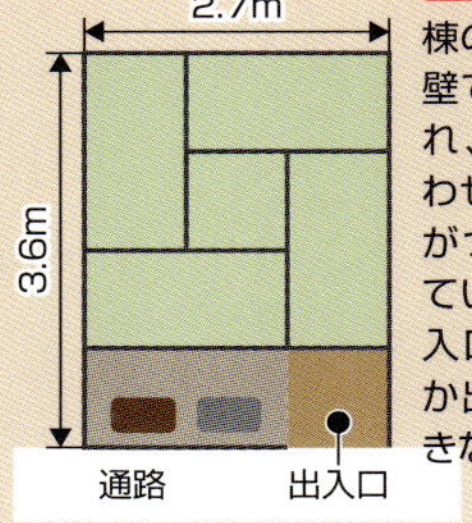

棟の部分も壁で仕切られ、背中合わせに部屋がつくられているため、入口からしか出入りできない

割長屋

6畳

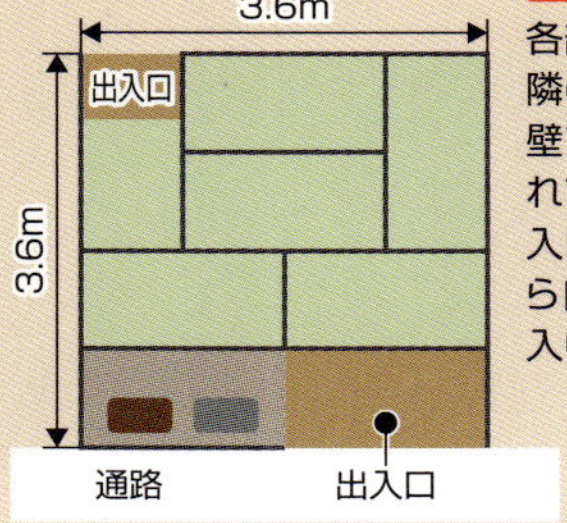

各部屋が両隣の部屋と壁で隔てられているが、入口と奥から自由に出入りできる

裏長屋の共同スペース。井戸やトイレがあり、住民が共同で使っていた。この井戸の周りで住民が話に花を咲かせたことから「井戸端会議」という言葉が生まれた

裏長屋での暮らし。6畳間でも家財道具を置くと4畳程度のスペースしかなく、家族5～6人で窮屈な暮らしを強いられた

『絵本時世粧』歌川豊国（国立国会図書館蔵）

これが長屋の食卓 日本の食習慣は元禄時代につくられた

蔦重のポイント解説

経済的に豊かになった元禄年間、江戸の庶民の食生活も豊かになり、白米が常食になりました。1日3食の食習慣が定着したのもこの頃です

1日3食が定着

江戸時代、天下泰平の世の中で経済が大きく成長すると、江戸の庶民の食も変化しました。食生活が豊かになったのです。

まず、1日2食から3食へと移行しました。元禄《げんろく》年間（1688～1704年）、5代将軍・徳川綱吉《つなよし》の時代の頃、日本では米の生産高が急激に増え、江戸では米を安く入手できるようになります。その結果、庶民も麦ではなく、白米を常食としはじめました。

そうしたなかで、1日3食の食習慣が定着するとともに、ご飯とおかずという日本人の食のスタイルが確立していったのです。ただし毎食ご飯を炊《た》くと燃料代がかさむため、朝に1日分のご飯を炊くようにしていました。

では、江戸の庶民の食卓には、具体的にどのようなものが並んでいたのでしょうか。

気になる庶民の献立

朝は炊き立てのご飯に味噌汁と漬物、昼は冷や飯に野菜の煮物や魚のおかず、夕食は冷飯を茶づけにして香《こう》の物などを添えて食べました。冷凍施設がなかった江戸時代にあって、新鮮な魚介類は高級品でした。

また、当時の「倹約おかず番付」による最も人気の高いおかずは「八杯《はちはい》どうふ」でした。これは細長く切った豆腐を醤油や酒を使って煮立てたもの。豆腐は毎朝、長屋に売りにくるので気軽に食べられたのです。

なお江戸の庶民であっても、農民はほとんど米を食べませんでした。年貢として納め、残りは換金のために売り払ってしまうので、粟《あわ》や稗《ひえ》の雑穀に米を少しだけ混ぜて食べていました。

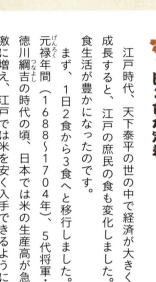

長屋での食事の風景

庶民の食卓には朝：ご飯+味噌汁+漬物、昼：冷飯+野菜の煮物+魚、夕：冷飯の茶づけ+香の物といったメニューが並んだ

倹約おかず番付

魚類方		為御菜	精進方	
大関	めざしいわし		大関	八杯どうふ
関脇	むきみ切り干し		関脇	昆布油揚げ
小結	芝えびから入り		小結	きんぴらごぼう
前頭1	まぐろから汁		前頭1	煮豆
前頭2	こはだ大根		前頭2	焼きどうふ
前頭3	たたみいわし		前頭3	ひじき白あえ
前頭4	いわし塩焼き		前頭4	切り干し煮つけ
前頭5	まぐろのすきみ		前頭5	芋がら油揚げ
前頭6	塩かつお		前頭6	油揚げつけ焼き

もっと知りたい！ 江戸の暮らし

「おやつ」が生まれた

江戸中期以降、砂糖が国産化されたことにより、饅頭や餅菓子、団子、飴などのお菓子が庶民の口に入るようになりました。子どもたちは午後2時（昼八つ）頃に手習いから帰るなり、すぐにお菓子を食べました。このお菓子タイムの時間から、「おやつ」と呼ばれるようになったとされています。

『二十四好今様美人 甘い物好』歌川豊国（国立国会図書館蔵）

庶民の仕事

100万人都市の江戸は売り手市場 庶民はこんな仕事についていた

蔦重のポイント解説

江戸の庶民は職人か商人になって生計を立てるケースが一般的でしたが、行商人や日雇いの仕事で生活する人も少なくありませんでした

大工・左官・鳶職人が華の三職

江戸の庶民（町人）は職人になるか、商人になるかして生計を立てている者がほとんどでした。ここでは職人と商人のそれぞれについてみていきましょう。

職人のなかで「華の三職」として高い人気を誇ったのが大工・左官・鳶《とび》職人です。江戸は火事が多発する町ということで復興のための建築仕事が多く、華の三職に対するニーズは高いものがありました。給金もよく、『文政年間漫録』によれば大工の日当は銀5匁《もんめ》4分（1万800円）でした。

職人になるためには、親方のもとに弟子入りします。10代前半で親方宅に住み込み、雑用をこなしつつ技術を学んで10年ほど経つと、ようやく一人前と認められました。

ただし独立しても親方になれる者は少なく、親方からもらった仕事で食いつなぐケースがよくありました。

商人も一人前になるには修業を積まなければいけません。店に奉公《ほうこう》して丁稚《でっち》、手代《てだい》、番頭《ばんとう》と出世して、うまくいけば暖簾《のれん》分けしてもらえます。あるいは自分で店を出す者もいました。

江戸には仕事があふれていた

とはいえ、江戸には仕事があふれていたため、手っ取り早く仕事を得ることはできました。たとえば、わずかな元手で野菜や魚を仕入れて行商をはじめられます。また派遣や日雇いの求人も多く、魚河岸《うおがし》の荷揚げや大八車《だいはちぐるま》での荷物運びなどもありました。

江戸では仕事を選ばなければ、どうにか食いはぐれずにいられたのです。

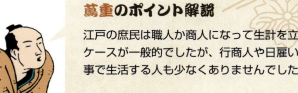

江戸の仕事

大工・左官・鳶職人

『士農工商之内』歌川豊国
（国立国会図書館蔵）

職人のなかで「華の三職」として高い人気を誇った。大工の技術は秘伝とされ、一子相伝で受け継がれていたが、江戸時代以降は親方が弟子をとって育てるようになった

飛脚《ひきゃく》

現在の郵便・宅配便のような仕事を担う。長距離だけでなく江戸市中だけで営業する町飛脚もいた

畳職人

庶民の間でも畳を敷き詰めることが一般化した江戸中期以降に登場。きめ細かい技術を必要とした

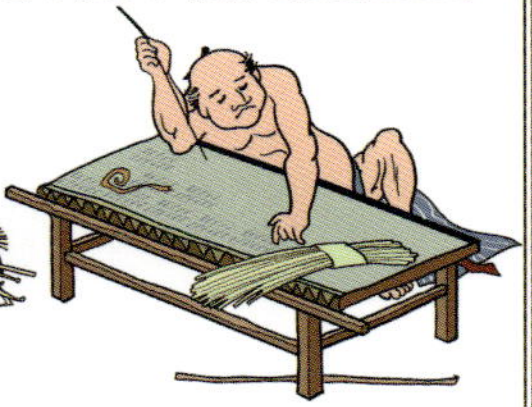

火消《ひけし》

火事の多い江戸の町にあって、人々を救う火消は英雄のような存在だった

振《ふり》売《う》り（棒《ぼ》手《て》振《ふ》り）

店舗をもたず、自分で仕入れた商品を担いで売り歩く。わずかな元手ではじめられる職業である

遊女

幕府公認の吉原の遊郭に属する公娼とそれ以外の私娼がいた。吉原の高級遊女は憧れの的だった

商人の修行過程

① 丁稚
5～10年、主人に仕え、雑用をこなしながら、読み・書き・そろばんなどの必要知識を学ぶ

▶

② 手代
番頭のもとで商品の売買、金銭の管理などに携わる。この期間が10～15年ほど続く

▶

③ 番頭
店の支配人として経営や従業員の指示・監督にあたる。家を構えたり、結婚できるようになる

▶

④ 暖簾分け
番頭のなかで商才に優れた者は支店を出すことを許される

限られた範囲でおしゃれを楽しむ 進化・熟成した日本独自のファッション

蔦重のポイント解説

江戸時代の人々は、基本的には身分や職業に応じた衣服を身につけていました。女性は未婚者か既婚者で服装を変える点が特徴でした

着物文化が定着した

江戸時代は、日本独自の服装が進化・熟成した時代です。身分や職業に応じた服装を基本としつつも、限られた範囲でおしゃれを楽しむ人が少なからずいました。

町人を中心に普及したのが小袖です。小袖とは、袖口を小さくした着物のことで、当初は派手な柄が好まれました。やがて幕府の統制によって奇抜なデザインが禁止されましたが、細かい模様が全体に入っている小紋の柄を考案したり、羽織に金をかけたりして自己主張する人も出てきました。

一方、職人は機能性を重視し、紺の木綿半纏に股引《ももひき》、腹掛《はらがけ》を着ました。細身に見せるのが「粋」と考えられたため、身体の線が強調されるものが好まれました。

女性は未婚者か既婚者で変わる

女性のファッションは、未婚の場合は振袖、元服を済ませた場合、あるいは結婚した場合は留袖《とめそで》を着ました。年齢や結婚しているかどうかで着物を変えるのです。

化粧は白粉を塗って眉を描き、口紅を塗る薄化粧が基本ですが、着物と同じく未婚者と既婚者で違いがありました。既婚の場合、歯を黒く塗るお歯黒を施すのです。

さらに髪型は未婚者は髷《まげ》の大きい島田髷が一般的ですが、結婚すると楕円形の丸髷に変えました。そして子どもを産んだら、眉を剃ることになっていました。

つまり、江戸時代の女性はその姿を見ただけで、未婚者か既婚者かを判別することができたのです。

江戸のファッション

町人・職人の服装

町人

町人は小袖が基本。デザインは細かい模様が全体に入っている小紋の柄などの人気が高かった

職人

職人の服装は機能性を第一に考えられたが、身体の線が強調される細身のものが好まれた

女性のヘアスタイル

島田髷

結婚前の娘時代の女性が結う。島田宿の遊女が結っていた髪型に由来するとされる

丸髷

結婚後の女性が結う。若くて髪が豊かなほど髷が大きく、年配になると小さくなる

もっと知りたい！ 江戸の暮らし

小物へのこだわり

おしゃれへのこだわりが見られるのは衣服だけではありません。小物にこだわる人も多くいました。たとえば煙草入れや煙管です。煙草入れは革製や布製などがあり、山東京伝が銀座に開いた煙草入れ店（右図）は大繁盛していました。

『山東京伝の見世』歌川豊国（東京国立博物館蔵）

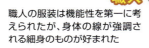

これで識字率が世界一に！ あらためて注目される寺子屋の教育法

蔦重のポイント解説

寺子屋では読み・書き・そろばんをはじめとする実用的な科目が教えられ、人材育成に大きく寄与しました

全国規模で広がった庶民の学校

江戸時代の日本は、世界でも有数の識字率を誇り、庶民でもほとんどの人が文字を読めたといわれています。泰平の世の中で経済が発展するにつれ、あらゆる階層の人に読み書きや計算の能力が必要になっていたからです。

その庶民の初等教育を担っていたのが寺子屋《てらこや》と呼ばれる私塾です。

寺子屋という名称は、鎌倉時代に僧侶が寺院で子どもたちに施していた教育に由来するとされています。時代の要請か、江戸時代の庶民の教育熱は高く、寺子屋が次第に普及していきます。江戸末期には全国に1万５０００校以上の寺子屋が存在したとみられています。

読み・書き・そろばんを習う

江戸時代の子どもたちは、7～8歳くらいになると寺子屋に通いました。寺子屋で学ぶには束脩《そくしゅう》（入学金）と月並銭《つきなみせん》（月謝）が必要でしたが、各家の経済状況に応じて額を決めているところが多かったため、長屋住まいの貧しい子どもでも通うことができました。

学習時間は朝8時から昼食をはさんで14時頃まで。どんな学習内容かというと、生徒の年齢層が幅広かったため、個別のカリキュラムが組まれました。基本は読み・書き・そろばん、つまり字の読み・書きと計算の能力を養います。さらに商人の子には商用文、女子には裁縫など、実用的な科目が多く教えられました。教師は下級武士から医師、町人、僧侶まで、さまざまな階層の人が副業として担当していました。

こうした教育システムが人材育成に大きく寄与していたのです。

寺子屋の風景

『幼童席書会』歌川国芳（国立国会図書館蔵）

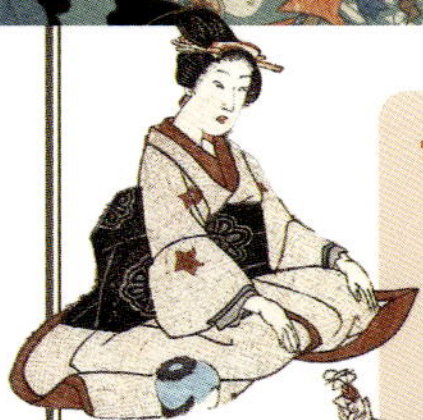

寺子屋の特徴

- ほとんどの子どもが7～8歳から通っていた
- 入学金や月謝は各家の経済状況に応じて納める
- 読み・書き・そろばんに加え、商用文や裁縫など実用的な科目を中心に教えていた
- 子ども本人や親の希望を考えて個別教育を行う
- さまざまな階層の人が副業として教師を担当した

寺子屋の教科書

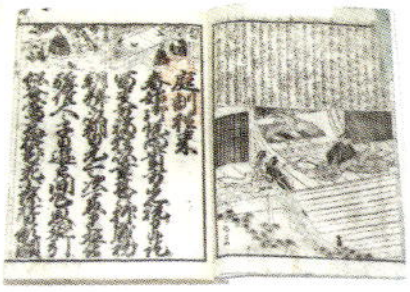

庭訓《ていきん》往来《おうらい》寺《てら》子《こ》宝《だから》

室町時代に撰述された往来物の一種。手紙を通して日常生活の常識や言葉を教える。寺子屋ではよく使われた

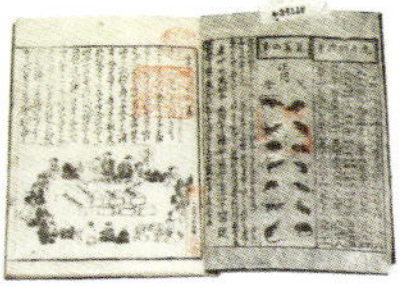

塵劫《じんこう》記《き》九《く》九水《くのみず》

算術の入門書。掛け算九九をはじめ、ねずみ算、金銀の両替の方法などを図とともに解説している

東京都立中央図書館蔵

もっと知りたい！ 江戸の暮らし

幕府直轄の学校もあった

江戸には寺子屋だけでなく、幕府直轄の学校もありました。湯《ゆ》島聖堂《しませいどう》の敷地内に設置された昌平坂《しょうへいざか》学問所《がくもんじょ》（右図）です。儒学者・林《はやし》羅《ら》山《ざん》が寛永《かんえい》7（1630）年に創設した私塾をルーツとする学校で、主に幕臣の子弟が対象とされましたが、やがて町人が受講できる講座もできました。

銭湯通い

江戸では毎日風呂に入るのが当たり前
入浴後も男同士でリラックスタイム

蔦重のポイント解説

江戸っ子は銭湯が大好きで、毎日のように通っていました。銭湯の２階の集会所で情報交換する男性客もたくさんいました

江戸っ子が風呂に入る理由

江戸は夏は蒸し暑く、冬は強い風で埃をかぶりやすい町でした。そのため、多くの人々が毎日の入浴を習慣にしていました。

ただし、風呂を沸かすには大量の水を用意する必要があるうえ、薪《たきぎ》などの燃料代もかさみます。また火災の恐れもあったことから、自宅に風呂がある家は稀《まれ》でした。そこで江戸の庶民は湯屋《ゆや》（銭湯）通いが習慣になったのです。

江戸には多くの湯屋があり、文化11（１８１４）年時点で６００軒以上にのぼったといわれています。営業時間は日の出から日の入りまでと定められていましたが、実際には午後8時頃まで営業するところがほとんどでした。料金は江戸中期までは、大人６文（１８０円）、子ども４文（１２０円）で入浴できました。かけそば1杯が16文（４８０円）ですから、いかに格安だったかわかるでしょう。

2階に秘密の社交場が！

湯屋の内部には脱衣所と流し場があり、湯気を逃さないように低い位置に設けられた石榴口《ざくろぐち》の奥が湯船になっていました。当初は男女混浴でしたが、江戸後期からは風紀が乱れるという理由により、現在のように男湯と女湯に分けられました。

そして湯屋の2階には休憩所がありました。実はここは男性専用の社交場で、常連客がお茶菓子を食べながら囲碁や将棋を打ち、談笑して楽しんでいました。誰でもどんな身分でも利用できたため、さまざまな情報が集まり、見聞を広めたり人脈を築いたりするのに最適な場所だったのです。

湯屋（銭湯）の風景

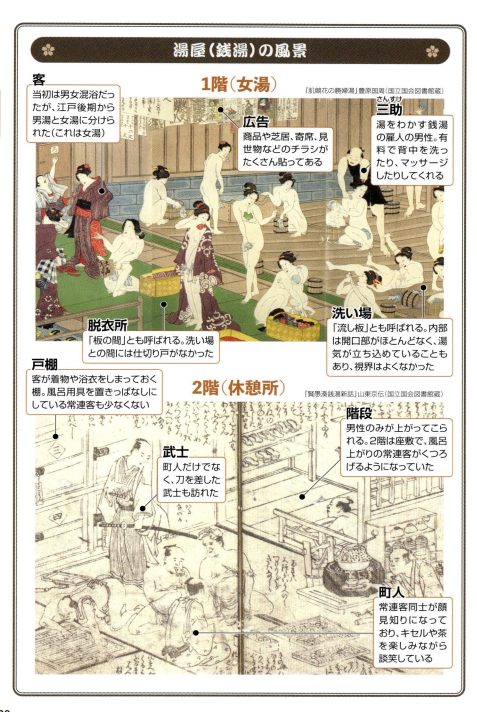

1階（女湯）

『肌競花の勝婦湯』豊原国周（国立国会図書館蔵）

客
当初は男女混浴だったが、江戸後期から男湯と女湯に分けられた（これは女湯）

広告
商品や芝居、寄席、見世物などのチラシがたくさん貼ってある

三助《さんすけ》
湯をわかす銭湯の雇人の男性。有料で背中を洗ったり、マッサージしたりしてくれる

脱衣所
「板の間」とも呼ばれる。洗い場との間には仕切り戸がなかった

洗い場
「流し板」とも呼ばれる。内部は開口部がほとんどなく、湯気が立ち込めていることもあり、視界はよくなかった

戸棚
客が着物や浴衣をしまっておく棚。風呂用具を置きっぱなしにしている常連客も少なくない

2階（休憩所）

『賢愚湊銭湯新話』山東京伝（国立国会図書館蔵）

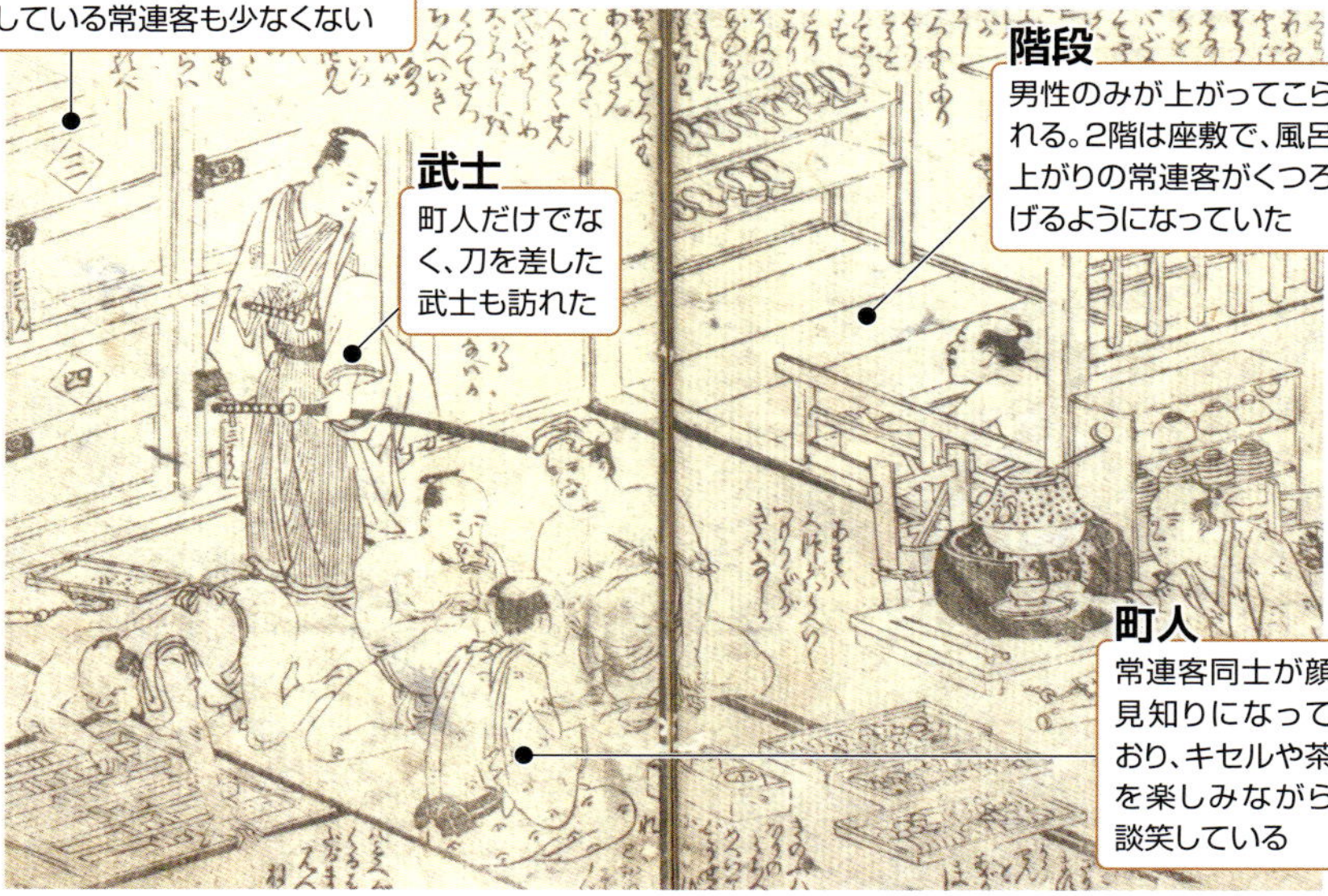

武士
町人だけでなく、刀を差した武士も訪れた

階段
男性のみが上がってこられる。2階は座敷で、風呂上がりの常連客がくつろげるようになっていた

町人
常連客同士が顔見知りになっており、キセルや茶を楽しみながら談笑している

武士が隠居せざるを得なくなる驚きの理由とは？

多くの企業が定年制をとっている現代とは異なり、江戸時代の武士に定年という考えはありませんでした。91歳もの高齢で旗奉行をつとめていた武士がいたように、基本的には何歳になろうが働くことはできました。

とはいえ、さすがに60歳、70歳になると現役の武士は少なく、50歳を過ぎた頃に周囲から隠居を促されるケースが一般的でした。

では、武士が隠居する際には、どのような手続きをふむのでしょうか。その流れを見てみましょう。

まずは上役に願い出て許可をもらいます。隠居の理由として多かったのは病気や老衰ですが、70歳を過ぎていれば、とくに理由がなくても許されました。

武士を象徴する髪型である丁髷《ちょんまげ》を結えなくなることも隠居の理由になりました。

そもそも丁髷は武士の階級を表すものであり、月代を剃らない武士は病人、あるいは浪人に限られていました。その丁髷が歳とともに薄毛が進んで結えなくなると、隠居か出家の道を選ばざるを得なかったのです。不幸にも若くして禿げてしまった武士は、早々に引退することを余儀なくされました。

ともあれ、上役からの許可が下りれば御役御免となります。

その後、家を嫡男に継がせるための家督相続願いを提出します。決裁が下りたら、隠居する本人と相続人は江戸城に登城して、隠居と相続の申し渡しを受け、嫡男が家督を相続します。

これをもって複雑な手続きは終わり、ようやく隠居することができたのです。

武士の隠居手続き

1. 隠居を願い出る
2. 御役御免となる
3. 家督相続願いを提出
4. 決済が下りる
5. 江戸城に登城する
6. 幕府や藩の承認を受ける
7. 相続が完了する

▼

隠居

隠居の理由としては病気や老衰のほか、「薄毛で丁髷が結えない」というものもあった

『武家男性の肖像』葛飾北斎

第4章

江戸のしくみとルールを知る

のしくみとルール

江戸時代、天下泰平の世が長く続いた背景に、当時のしくみやルールがあったことを見逃すわけにはいきません。ここでは社会の成り立ちの一部を紹介します。

『江戸火事図巻』田代幸春

防火対策

江戸は火災が多く、防火対策が必須とされていました。そうしたなか整備されたのが江戸の消防団・町火消や火除地でした（▶ P100）

結婚・離婚

江戸時代は身分制社会。当時の男女は身分や家格を考えて結婚相手を探しました。離婚の際は、手続上は男性優位のしくみになっていました（▶ P102）

『婚礼色直し之図』一勇斎国芳（アフロ）

浮世絵でわかる江戸

交通手段

多くの人で賑わう江戸の町を、人々は駕籠に乗って移動しました。駕籠にも種類があり、豪華なものから庶民的なものまでありました（▶ P96）

『双筆五十三次 藤枝』歌川広重・国貞

飛脚制度

メールや SNS などによる通信が当たり前の現代ですが、江戸時代は飛脚が伝達手段となっていました。手紙の配達から荷物の運搬までを手掛ける重要な存在でした（▶ P98）

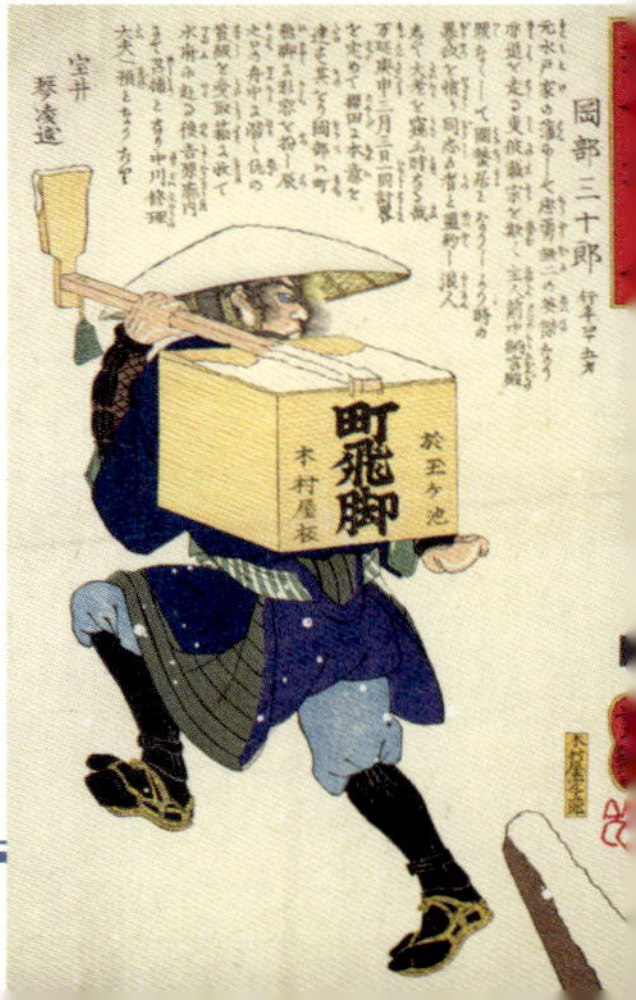

『近世義勇伝 岡部三十郎』
一英斎芳艶
（国立国会図書館蔵）

身分制度

江戸時代は町人や農民を武士が支配する身分制社会です。ただし、町人や農民であっても、お金さえあれば武士になることもできました（▶ P94）

『四代目松本幸四郎の新口村孫右衛門と初代中山富三郎の傾城梅川』
東洲斎写楽（東京国立博物館蔵）

町人や農民の上に立つ武士階級 その身分が数千万円で売り買いされていた！

蔦重のポイント解説

江戸時代は町人や農民の上に武士が立つ身分制社会でしたが、町人や農民が武士の身分を買うこともできました

誰でも武士になれた！

江戸時代は身分制社会でした。歴史の授業でも、人々は「士農工商《しのうこうしょう》」の序列に従って生活していたと教えられてきました。

近年では「士農工商の序列はなく、支配階級の武士の下に町人や農民がいた」と理解されるようになってきましたが、武士が町人や農民よりも一段高いところにいたことは確かです。人口全体の1割にも満たない武士が、9割以上を占める町人や農民の上に立っていたのです。

ただし、町人や農民が武士になることもできました。武士の身分は売買されており、金さえ払えば誰でも武士になれたのです。

武士身分の値段は？

たとえば幕府の御徒《おかち》（御家人《ごけにん》）になりたい場合、御徒株を購入することで武士に転身できました。具体的には身分を売りたい武士と養子縁組を結び、正式な跡継ぎになればよいのです。

御徒株の相場は500両（6000万円）、与力《よりき》は1000両（1億2000万円）、同心《どうしん》は200両（2400万円）とかなり高額だったため、いくら武士への憧れが強かったとしても簡単に手に入れることはできません。購入できるのは豪商や豪農などに限られていました。

売り手は困窮した武士が多く、幕府からも黙認されていたといわれていますが、武士の身分売買が硬直的な社会を活性化させたという側面もありました。

たとえば幕末に活躍した土佐藩の坂本龍馬の本家は、豪商から藩士となっています。しかし、龍馬は脱落して倒幕を目指し、明治維新への道を開くことになりました。

武士になる方法

江戸時代の支配関係

支配階級の武士の下に町人や農民が存在していた

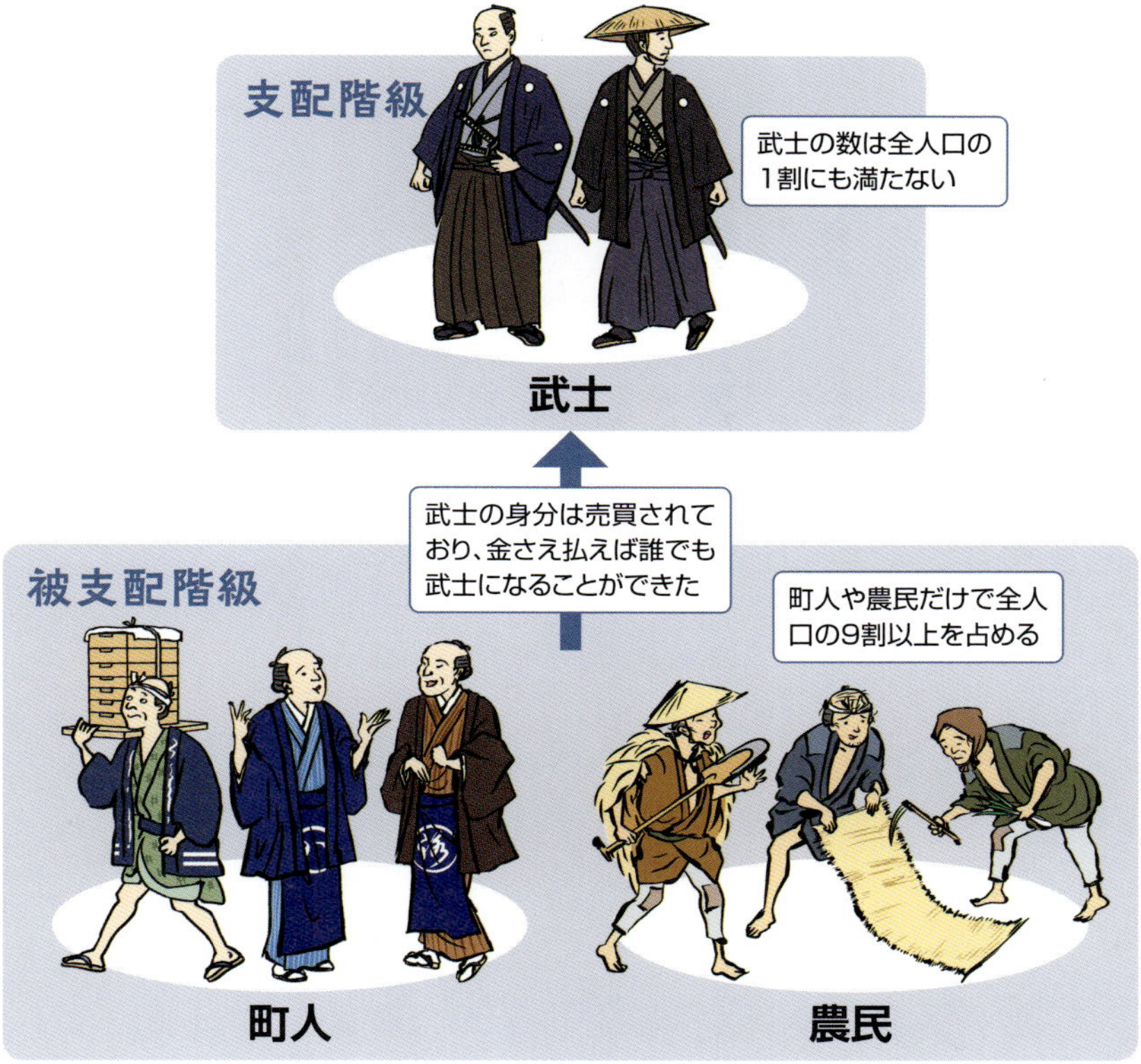

武士の身分の値段

役職	株の相場	現在の貨幣価値
御徒＝御家人 将軍の警護役	**500両**	**6,000万円**
与力 奉行などを補佐する	**1000両**	**1億2,000万円**
同心 与力のもとで庶務・見廻りなどを担う	**200両**	**2,400万円**

交通手段

江戸っ子の足となっていた駕籠 現代のタクシーと比べて高いのはどっち？

蔦重のポイント解説

将軍や大名クラスから庶民まで、多くの人が駕籠に乗って江戸の町を移動していました

身分によって異なる駕籠

江戸の町を移動する際、多くの人は徒歩で目的地に向かいましたが、現代のタクシーのように乗り物を利用することもありました。その乗り物とは駕籠《かご》です。

駕籠は竹で編《あ》んだ部分に人を乗せ、2人で1本の長柄《ながえ》をもって運ぶ乗り物。中世に登場し、江戸時代に広く普及しました。ただし、将軍や大名用と庶民用の駕籠は少し違います。

前者は四方を板張りにし、左右と前方にすだれ窓を設けた豪華なつくりで、「乗物《のりもん》」と呼ばれていました。

一方、後者は簡素なつくりで辻の立場《たてば》で客を待つ辻《つじ》駕籠と、宿場から宿場の間で営業する宿《しゅく》（宿場）駕籠があり、通常は1里《り》（約4キロ）を1時間くらいで走りました。江戸の町ではとくに町人の間で需要が高く、繁華街で客待ちをする流しの駕籠屋も現れました。

駕籠は贅沢な乗り物？

料金は現代のタクシー同様、到着後の支払いです。1里につき400文(1万2000万円)ほどかかり、特別に重い人や多くの荷物を運ぶ場合は割り増し料金が必要になります。

具体的には日本橋から吉原まで約5キロの料金が金2朱《しゅ》（1万5000円）ほど。大工の日当が銀5匁《もんめ》（1万円）ほどの時代ですから、かなり贅沢な乗り物です。とはいえ、駕籠担ぎは2人体制、駕籠は借りものということを考えると、相応の価格なのかもしれません。

なお、箱根峠を超えるときなどは辻駕籠より軽い山《やま》駕籠が使われました。粗末な駕籠ですが、料金は通常より高くなりました。

主な駕籠のランク

高級

大名駕籠

将軍や大名など高貴な人が乗る。四方を板張りにし、左右と前方にすだれ窓を設けた豪華なつくり。「乗物」と呼ばれ、庶民の駕籠と区別されていた

辻駕籠

4本の竹を柱とし、割竹で編んですだれを垂らしただけの駕籠。1里(約4キロ)を1時間くらいで走る

宿駕籠

客が乗る部分を屋根とむしろで覆っただけの駕籠。辻駕籠同様、1里(約4キロ)を1時間くらいで走る

山駕籠

山道で使う粗末な駕籠。底を竹で編み、網代(あじろ)で屋根をつくるなどして通常の駕籠よりも軽くしている

もっと知りたい! 江戸の暮らし

荷物の運び方

荷物の運搬は基本的には人足《にんそく》と呼ばれる荷物運びの専門の労働者が担当していましたが、大きな荷物を運ぶ際には馬を利用しました。宿駅に駄賃馬《だちんうま》という馬が待機しており、公定料金が決まっていたので利用しやすく、旅行者などがよく使っていました。

江戸の町中から上方まで！手紙や荷物をもって走りまわる健脚ランナー

蔦重のポイント解説

手紙や荷物の配送を担っていたのが飛脚です。手ぶらで旅することができるようになったのは彼らのおかげです

3種類の飛脚

現代の通信手段はメールやSNSなどがメインとなっていますが、郵便も健在です。その郵便の前身として江戸時代にさかんに利用されていたのが飛脚《ひきゃく》です。飛脚のルーツは鎌倉時代にまで遡り、江戸時代に大きく発展しました。

ひと口に飛脚といっても継《つぎ》飛脚、大名《だいみょう》飛脚、町《まち》飛脚の3つに分けることができます。

継飛脚は幕府の公用飛脚で、公文書などを遠方に運びます。大名飛脚は参勤交代《さんきんこうたい》で江戸にいる大名などが国元《くにもと》との連絡用に使いました。町飛脚は町人が利用する民営の飛脚で、遠方まで届けるタイプ（三度《さんど》飛脚）と、江戸の町中を配達してまわるタイプがありました。

旅人の荷物も運んだ

当初、飛脚は手紙を配達することを本業としていましたが、やがて荷物や金銀も運ぶ宅配業務もはじめます。

街道の整備が進み、旅人が増えると、旅人の荷物の運搬もはじまります。東海道の53の宿場のうち28ヶ所に飛脚の取次所が設置され、旅人は往来の途中で荷物を受け取ったり、送ったりできるようになりました。つまり、荷物や土産を宿場に預け、体ひとつで手ぶらで気軽に旅行できるようになったのです。

では飛脚の料金はどれくらいかかったのでしょうか。近距離の場合、日本橋から浅草芝居町までが24文（720円）。遠距離の場合、江戸～大坂間を3日半で運ぶ仕立て便は7両2分（90万円）かかり、庶民は同じ距離でも10日で運ぶ幸便《こうびん》や並便《なみびん》を利用していました。高額の便は、主に幕府や大名が利用したようです。

飛脚の種類と料金（19世紀中頃）

3種類の飛脚

継飛脚
幕府の公用飛脚。公文書などを遠方に運ぶ。大井川などの川明けで優先されるなど、重要な文書をできるだけ早く運ぶことが求められた

大名飛脚
参勤交代で江戸にいる大名などが国元との連絡用に使う。足軽などが飛脚として用いられた

町飛脚
町人が利用する民営の飛脚。江戸の町中を配達してまわる町飛脚は荷物を吊るす棒の先に風鈴をつけ、チリンチリンと鳴らしながら往来した

飛脚の料金（江戸～大坂間）

種類	日数	運賃	現在の貨幣価値
仕立て（特急便）	3日半	金7両2分	90万円
	4日	金4両2分	54万円
	4日半	金4両	48万円
	5日	金3両2分	42万円
幸便（定期便）	6日	銀2匁	4,000円
	7日	銀1匁5分	3,000円
	8日	銀1匁	2,000円
	10日	銀6分	1,200円
並便（不定期便）	10日	銀3分	600円

※仕立の荷物は「封物100目限」、幸便と並便は「書状1通」。出所：『日本商業史』横井時冬（金港堂）

火事の多い江戸の町の守護神！ 消防機能を担う火消の重要性

蔦重のポイント解説

江戸は何度も大火に見舞われ、大きな被害を受けました。そのため、さまざまな防火対策が施されました

火消は無能だった!?

火事と喧嘩《けんか》は江戸の華——。そういわれるほど、江戸は火事の多い地域でした。季節風が強くて乾燥しがちな冬場に出火すると、木造建築が多いこともあって瞬時に火の手が広がり、大規模火災へと発展したのです。

江戸時代２６４年間で１００回以上あったとされる大規模火災のなかでも、１６５７（明暦《めいれき》３）年の明暦の大火はとりわけひどく、江戸市中の大半が焼失し、10万人以上の死者が出たとされています。そうした江戸の町の消防機能を担っていたのが火消《ひけし》です。

幕府が大名に課した火消である大名火消《だいみょうびけし》、旗本が市中の消防活動に当たる定火消《じょうびけし》、町人によって組織される町火消《まちびけし》などがあり、町火消は隅田川《すみだがわ》以西の町を48に分けたことから「いろは四十八組《しじゅうはちくみ》」と呼ばれました。

しかし、火消の消火能力はほとんどありませんでした。龍吐水《りゅうどすい》という木製のポンプを装備していましたが、そのポンプでは水を15メートルほどしか届けられず、火災現場の周囲の家を破壊することで延焼を防いでいたのです。

不燃都市化を目指して

防火対策も行われました。奉行所は江戸の不燃都市化を目指し、火除地《ひよけち》と呼ばれる空き地を設置したり、燃えにくい瓦《かわら》ぶきや土蔵《どぞう》造りにすることを奨励したりしました。

町人も火事の備えを怠りません。とくに商人は商品を守るため、地下に防火対策を施した穴《あな》蔵《ぐら》をつくっていました。豪商の越後屋《えちごや》は深さ２メートルの地下室をいくつも設けていたといわれています。

火災都市・江戸と防火対策

最大の被害を生んだ明暦の大火

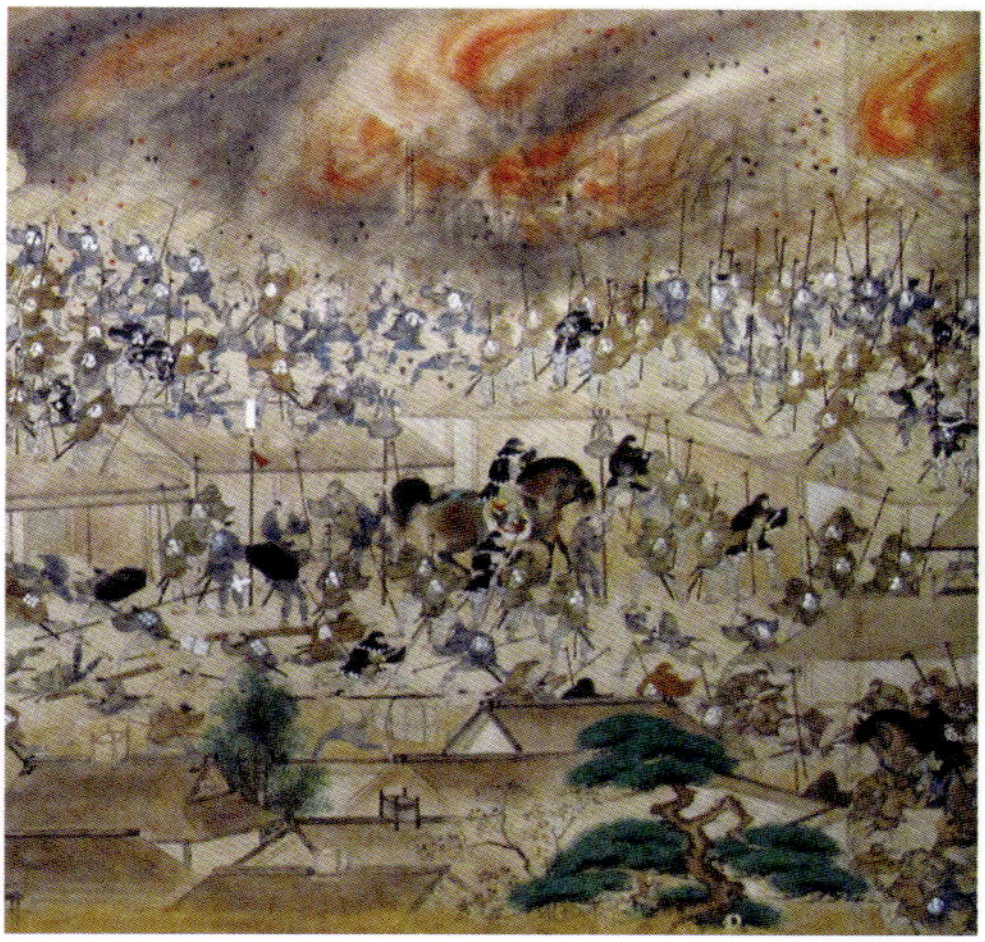

『江戸火事図巻』田代幸春

本郷丸山の本妙寺を火元とする火事が強風に煽られ、江戸城を含む江戸市中の3分の2を焼き尽くし、10万人以上の死者を出した

4つの防火対策

❶ 消防組織の整備

『江戸乃華』歌川広重(国立国会図書館蔵)

大名火消、定火消、さらに町火消を組織し、消防活動に当たらせる。しかし、有効な方法が「壊す」ことくらいしかなく、消火能力は低かった

❷ 火除地の設置

『名所江戸百景 筋違内八ツ小路』歌川広重

火事の延焼を防ぐとともに避難所として利用するため、所々に空き地を設けた

❸ 耐火建築の奨励

燃えにくい瓦ぶきを使わせたり、土蔵造りにすることを奨励した

❹ 穴蔵

主に商人が商品を守るため、地下に防火対策を施した穴蔵をつくった

結婚・離婚

仲人を介して伴侶をみつけ、別れの際には離縁状を書くのが習わし

蔦重のポイント解説

江戸時代の男女は同じ身分や家格を重視して結婚相手を見つけていました

見合い結婚がほとんど

江戸時代には男女とも13歳頃に結婚が許されたようで、男性が比較的晩婚傾向にあったのに対し、女性の多くは20歳までに結婚しました。

ただし、当時は封建的な身分制度の時代。身分違いの結婚は許されず、同じ身分でも家格の釣り合いが重視されました。

それでは具体的にどうやって結婚相手をみつけたかというと、親戚や大家に縁談をもちかけられたり、プロの仲人《なこうど》に見合い相手を紹介してもらったりして知り合っていました。

仲人主導による見合いは、芝居茶屋や寺社の境内《けいだい》で行われました。芝居見物や花見などのイベントが見合いの場所として活用されたのです。

その後、話がまとまれば結納《ゆいのう》、輿入《こしい》れへと進み、迎え入れる側の家で婚礼の儀が行われました。

結婚前に、お互いに証文を交わすこともありました。現在の「婚前契約書」のように、離婚した際の持参金の返還問題や財産分与などを決めておいたのです。

3行半で書かれるから「三行半」

一方、離婚の際には、夫が妻に離縁状を交付することが義務づけられていました。離縁状はその体裁から「三行半《みくだりはん》」と呼ばれ、妻の再婚に必要とされるため、妻側がお願いして書いてもらうことも少なくありませんでした。

夫がどうしても離婚を認めない場合、妻は最終手段として幕府が認めた縁切り寺に駆け込みました。鎌倉の東慶寺《とうけいじ》、あるいは上州の満徳寺《まんとくじ》に訴え、調停に失敗した場合でも、寺の仕事を満2年つとめれば、たとえ夫が認めなくても離婚が成立したのです。

江戸時代の結婚・離婚のしかた

仲人主導による結婚の流れ

1. 身分や家格を考慮して、見合い相手を紹介してもらう
2. 芝居茶屋や寺社の境内などで見合いを行う
3. 話がまとまれば結納、輿入れへと進み、婚礼の儀（下図）を催す

『婚礼色直し之図』一勇斎国芳（アフロ）

離婚手続きの流れ

1. 夫から妻に離縁状（三行半）を出す

離縁状の例

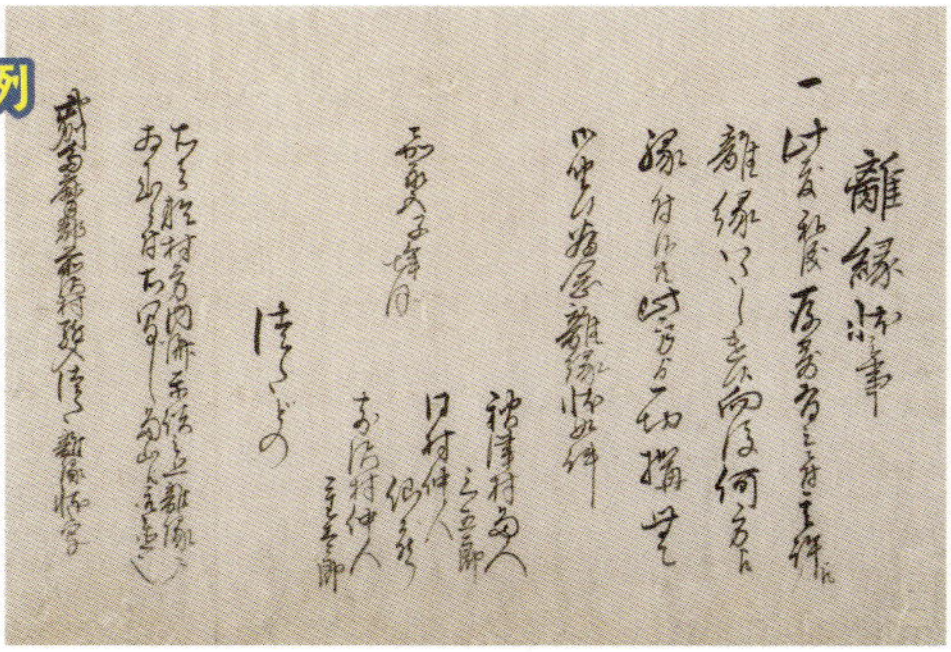

出所：東慶寺

「われら夫婦は○○○○○○○の理由で離縁することになったため、今後は一切関係ない」といった内容が3行半で書かれている

2. 離縁状を受けた妻は「返り一礼」を提出する
3. 元夫婦は互いに再婚許可が得られる

死刑にも複数の種類が……犯罪抑止を意図した江戸時代の刑罰

蔦重のポイント解説

江戸時代の刑罰は大きく６段階に分かれており、最も重い死刑も６種類ありました。重い罪ほど辛く苦しい死に方になるのです

6段階の刑罰

江戸幕府の刑罰は、8代将軍・徳川吉宗《よしむね》の命によって1742（寛保《かんぽう》2）年につくられた「公《く》事方御定書《じかたおさだめがき》」という法典に定められていました。

それによると叱責《しかり》、押込《おしこめ》、敲《たたき》、追放《ついほう》、遠島《えんとう》、死刑《しけい》の6段階の刑罰があります。

叱責は奉行所などに設けた白洲《しらす》（法廷）に呼び出し、罪を叱責《しっせき》します。押込は外出を禁じて、一種の軟禁状態に置きます。敲は牢屋の門前で罪人を裸にし、肩から尻にかけて50〜100回叩きます。追放は日本橋から5里四方離れたところに追い払う江戸十里四方追放や、奉行所の門前《もんぜん》から追い放つ門前払いなどがありました。遠島は離島で生活させる、いわゆる流罪《るざい》です。

そして最も重罪の死刑にも6種類あり、罪の軽重に応じて下手人《げしゅにん》、死罪《しざい》、火罪《かざい》、獄門《ごくもん》、磔《はりつけ》、鋸挽《のこぎりびき》となっていました。

見せしめのための残酷刑

下手人と死罪は斬首刑。両者が異なるのは斬首後の処置で、死罪の場合は刀の斬れ具合を試すためし斬りに遺体が使われました。

火罪は放火犯を火炙《ひあぶ》りにします。獄門は斬首後、首を3日間さらします。磔は柱に縛って槍《やり》で突き殺し、遺体を3日間さらします。

鋸挽は主殺しなどの反逆罪に適用される極刑。引きまわしのうえ縛りつけ、通行人などに鋸で首を引かせてゆっくりと殺し、磔にかけます。

獄門と磔は街道沿いに位置する小塚原《こづかはら》と鈴ケ《すずが》森《もり》の刑場で行われました。江戸にやってくる人々に残酷な光景を見せつけることにより、悪事を防ごうとしたといわれています。当時の刑罰は見せしめの意味合いが強かったのです。

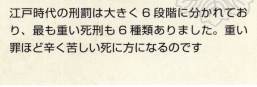

6段階に分かれた刑罰

呵責

奉行所の白洲(法廷)に呼び出して
罪を叱責

押込

外出を禁じて、一種の軟禁状態に置く

敲

罪人を裸にし、肩から尻にかけて
50〜100回叩く

追放

立入禁止区域を設け、その外に追い払う

遠島

離島に流して、そこで生活させる(流罪)

重罪

死刑

死罪。罪の軽重に応じて
6種類が設けられていた

死刑の種類

下手人

斬首刑。牢屋で首をはねられる

死罪

斬首後、遺体が刀の試し斬りに使われる

火罪

放火した者を火炙りにする

獄門

斬首後、首を公衆の面前に3日間さらす

磔

十字の柱に縛って槍で突き殺す

鋸挽

市中引きまわし、鋸挽のうえ磔にする

『徳川幕府刑事図譜』(国立国会図書館蔵)

江戸時代の対外政策は「鎖国」ではなく「海禁」が正しい？

江戸時代、幕府は「鎖国《さこく》」をしていたといわれてきました。3 代将軍・徳川家光の時代以降、およそ 200 年にわたって外国と交流せず、国を閉ざし続けたというものです。

たしかに幕府は、日本人の海外渡航と帰国を禁止し、スペインやポルトガル船の来航を禁じるなどの措置をとっていました。しかしながら、外国との交流をまったくしていなかったわけではありません。

幕府は長崎の出島を通じて、オランダ・中国 (明・清) と交易を行っていました。さらに松前藩を通じてアイヌと、薩摩藩を通じて琉球と、そして対馬藩を通じて朝鮮とも交易をしていました。すなわち長崎、松前藩、薩摩藩、対馬藩という「4 つの口」が開かれており、5 つの国と外交関係を維持していたのです。

長崎と松前藩、薩摩藩、対馬藩は各々が独占的に貿易を行い、その全体的な統括を幕府が担っていました。

また、幕府は長崎に赴任してくるオランダ商館長に対して、毎年『オランダ風説書』という国際情勢に関する書物の提出を義務づけていました。それによって、幕府は海外の最新情報を把握していたのです。

当時、こうした対外政策をとっていたのは日本だけでなく、中国や朝鮮も同じでした。特定の港で限られた国とだけ交易を行うことを「海禁」といいます。

幕府の対外政策を「鎖国」というようになったのは 19 世紀初頭のこと。オランダ通詞の志筑忠雄《しづきただお》がケンペルの『日本誌』の一部を『鎖国論』と翻訳したことにはじまります。すなわち、それまで日本には「鎖国」という概念がなかったのです。

江戸時代における幕府の外交窓口

第5章

江戸の商いを学ぶ

の商い

政治の安定が経済発展をもたらし、江戸ではさまざまなビジネスが生まれました。外食や宅配など、現代顔負けのサービスも登場しています

ブランド野菜

練馬といえば大根――。野菜や果物のブランド化は江戸時代から行われていました（▶ P116）

『江戸自慢三十六興 芝神明生姜市』歌川広重 豊国
（国立国会図書館蔵）

ゴミ処理

今も深刻なゴミ問題。江戸でも大量のゴミ処理が課題でしたが、ゴミの運搬・処理業者が大儲け。人の糞尿処理までも利権争いになるほどでした（▶ P120）

『江戸名所道戯盡　廿八 妻恋こみ坂の景』
歌川広景

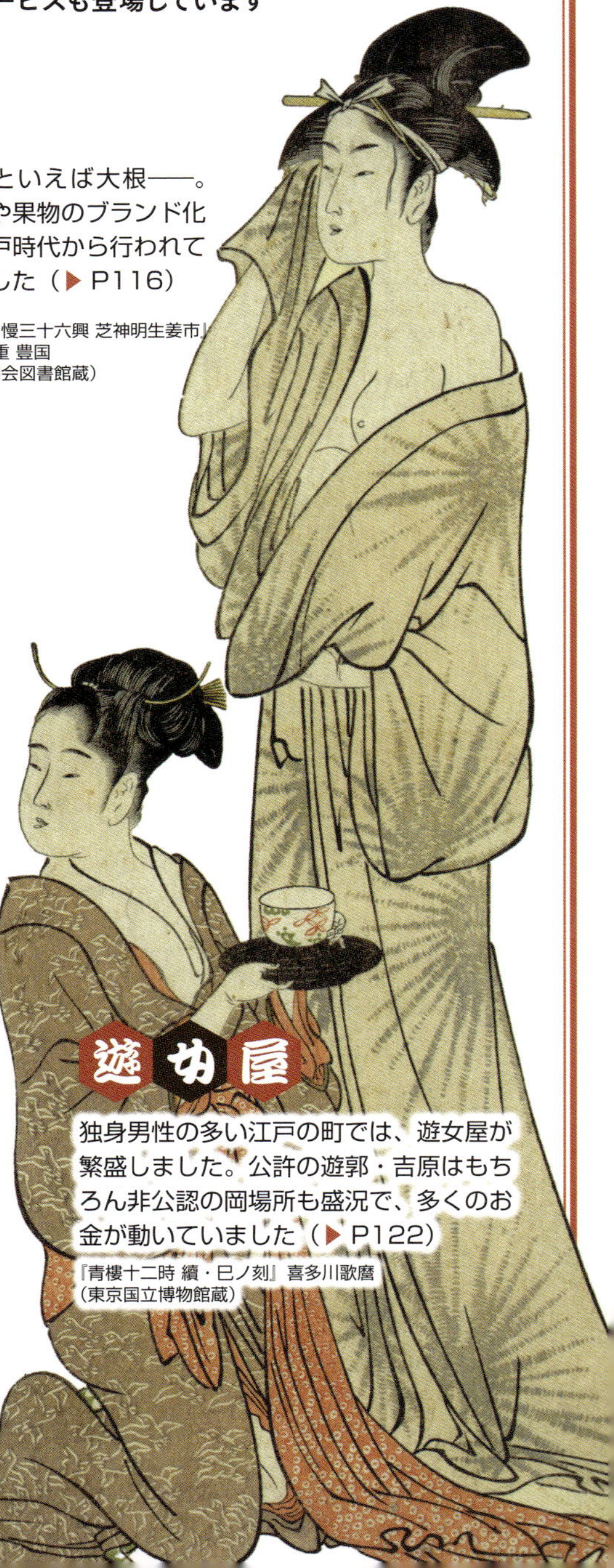

遊女屋

独身男性の多い江戸の町では、遊女屋が繁盛しました。公許の遊郭・吉原はもちろん非公認の岡場所も盛況で、多くのお金が動いていました（▶ P122）

『青楼十二時 續・巳ノ刻』喜多川歌麿
（東京国立博物館蔵）

浮世絵でわかる江戸

三井の新商法

豪商・三井家が経営する越後屋。この呉服店は「現金掛け値なし」に代表される画期的な新商法をはじめ、江戸を代表する有名店になりました（▶ P110）

『名所江戸百景 駿河町』歌川広重

『職人盡繪詞』鍬形蕙斎（国立国会図書館蔵）

外食産業

現代はファストフード全盛の時代ですが、江戸でもファストフードは大流行でした。寿司、天ぷらなどの屋台が町を賑わわせていたのです（▶ P112）

宅配サービス

江戸ではファストフードのみならず、宅配サービスも盛んでした。野菜や魚介類、さまざまな道具類まで、行商人が売り歩いていました（▶ P114）

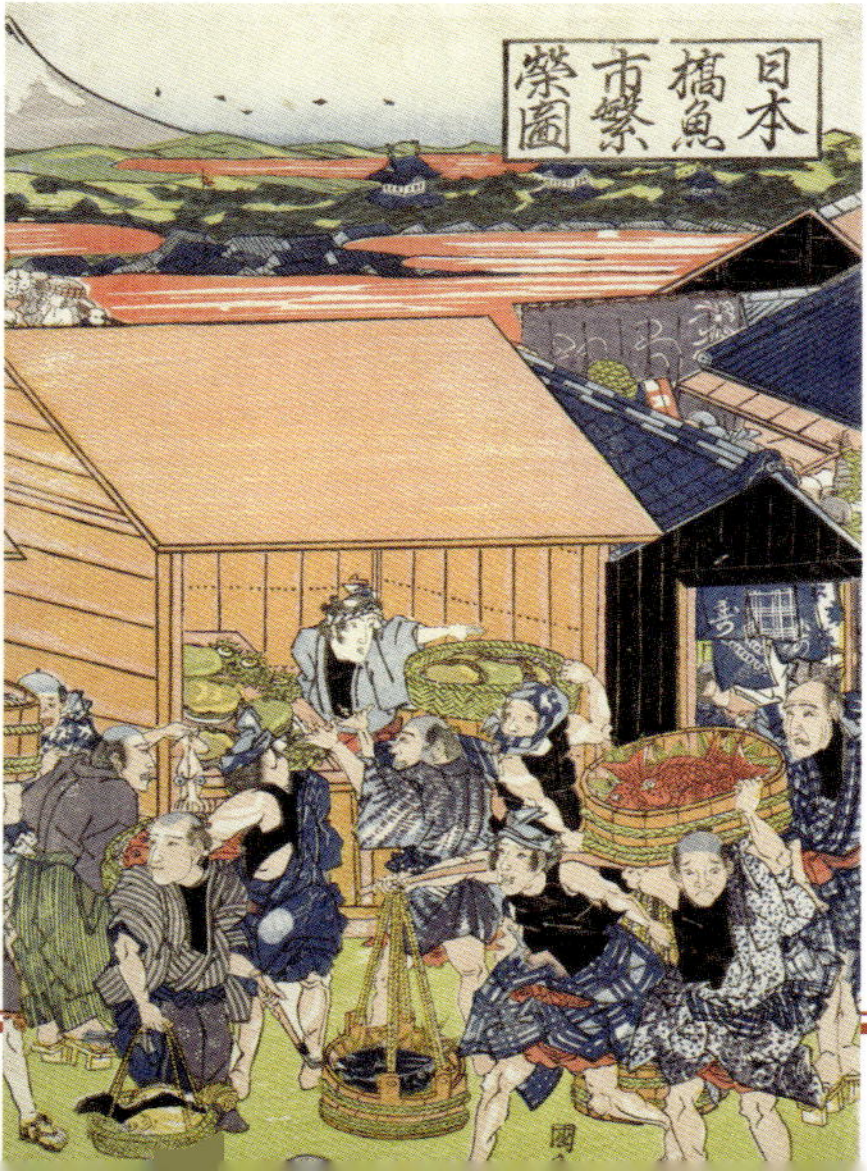

『日本橋魚市繁栄図』歌川国安（国立国会図書館蔵）

三井の新商法

店先売り、現金掛け値なし、広告戦略！豪商・三井家が行った新商法

蔦重のポイント解説

越後屋は既成概念を打ち壊す、革新的な商法を次々に編み出しました。それにより江戸を代表する有名店にのし上がったのです

デパートの外商のような売り方

江戸時代、型破りな商いで江戸を代表する大店になったのが、豪商・三井《みつい》家が経営していた日本橋の呉服店・越後屋《えちごや》（現在の三越《みつこし》）です。

当時の呉服屋は、武士や裕福な商人などを相手に商売をしていました。おすすめの着物を得意先に持参して売ったり、注文を受けて仕立てた着物を納品したりする方法で販売していました。支払いはツケで、盆と年末に代金を回収しますが、踏み倒しのリスクを軽減するため、代金には「掛《か》け値《ね》」を上乗せしていました。

この現代のデパートの外商のような商売方法を、越後家は大きく変えたのです。

革新的な方法で大成功

越後家の新商法のひとつは「店先売《たなさきう》り」です。これは従来のように得意先に出向くのではなく、店舗に着物を並べておいて客に来てもらう方法です。こうすると誰でも気軽に商品をみることができるので客層が広がるうえ、外商に払う給金を削減できます。

「現金掛け値なし」という方法も見逃せません。当時は一般的だったツケ払いをなくして現金取引に限定し、より安い価格で販売するために掛け値をなくしたのです。

また購入時に行われていた値引き交渉に応じなかったり、大人の衣料一着分に相当する一反《いったん》の単位での販売から切り売りを可能にしたりしました。さらに屋号《やごう》がデザインされた雨傘を無料で貸し出したり、着物を紹介する浮世絵を出すなどの広告戦略も行いました。

こうした革新的なやり方で、越後屋は大成功を収めたのです。

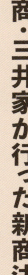

越後屋の型破りな新商法

❶ 店先売り

従来

着物を得意先に持参して売ったり、注文を受けて仕立てた着物を納品したりする方法で販売する

新商法

店舗に着物を並べておいて客に来てもらい、客層を広げる

❷ 現金掛け値なし

従来

支払いはツケで盆と年末に代金を回収する。その際、踏み倒しのリスクを軽減するため、代金に「掛け値」を上乗せする

新商法

ツケ払いをなくして現金取引に限定。掛け値をなくし、より安い価格で販売する

❸ 切り売り

従来

反物1反を単位として販売する(高額になる)

新商法

小さな切れ端でも販売可能にする(低額になる)

『職人盡繪詞』鍬形蕙斎
(国立国会図書館蔵)

❹ 広告戦略

人気の絵師･喜多川歌麿にファッション広告の浮世絵を描かせて宣伝する。右の絵は、越後屋の今夏のイチ押し商品として、ちぢみを宣伝したもの。暖簾を模したタイトルに、越後屋の紋が入っている

『夏衣裳当世美人 越後屋仕入のちぢみ向キ』喜多川歌麿(ボストン美術館蔵)

もっと知りたい! 江戸の暮らし

両替商を開いた三井

越後屋の特筆すべき商法としては、両替商《りょうがえしょう》への進出も挙げられます。三井高利は駿河町《するがちょう》へ移転（右図）するタイミングで両替店を開き、為替《かわせ》業務でも商才を発揮。京都と大坂にも両替店を開設して幕府の御為替御用方となり、存在感を高めていったのです。

『東都名所 駿河町之図』歌川広重(国立国会図書館蔵)

外食産業

安くて早い外食が大人気に！江戸っ子の胃袋を満たしたメニューとは？

蔦重のポイント解説

男性社会の江戸ではファストフードが大ウケ。寿司や天ぷらなどの屋台には大勢の人々が群がりました

男性単身者がやたらと多い町

１００万人超の人口を抱えていた江戸は、男女比でいうと男性がかなり多い社会でした（P55参照）。男性のなかでも国元《くにもと》から単身赴任で出府している武士や出稼ぎにきている職人など単身者が多く居住していたため、彼らを対象にした産業が発達しました。そのひとつが外食産業、とくにファストフードです。

江戸中期には、多くの屋台が登場しました。屋台で扱うメニューは安い値段で手軽に食べられることから江戸っ子の気質に合っており、食事時ともなれば大勢の人々が押し寄せました。その人気メニューとしては、握り寿司、天ぷらなどが挙げられます。

握り寿司は１個１２０円から

握り寿司は酢飯《すめし》の上に魚の切り身を乗せた現在の握り寿司の原型がこの頃に考案され、１個４〜８文（１２０〜２４０円）程度で売られていました。

天ぷらは串《くし》に刺さった魚介の天ぷらを１串４文（１２０円）で食べることができました。江戸前のエビや白魚の天ぷらをタレにつけて食べるのが定番でした。

そばは屋台だけでなく、通常の店舗でもよく食べられていました。万延《まんえん》元（１８６０）年の調査によると、江戸のそば屋の数は３７００軒以上、屋台を合わせると５０００軒をゆうに超えたといわれています。料金は寿司２〜４個分と格安。製粉が人力から水車の動力に代わり、コストが下がったおかげで低価格になりました。

ファストフード天国――。江戸はそんな町だったのです。

江戸で人気の屋台メニュー

寿司

マグロやウナギなどネタは豊富で、現在の寿司の2～3倍の大きさがあった

天ぷら

串に刺して揚げた魚介に天つゆをつけて食べた。値段は寿司と同程度

そば

江戸初期の麺類はうどんが人気だったが、そばの人気も次第に高まった

そば

そば屋の屋台は夜に出ることが多く、風鈴をつけた屋台で江戸の町を流した

いか焼き

いかに醬油をつけて焼いたもの。香ばしい匂いが江戸っ子をひきつけた

だんご

4個のだんごを1本の串に刺し、砂糖蜜をかけたもの。江戸っ子に人気の甘味

『職人盡繪詞』鍬形蕙斎（国立国会図書館蔵）。『東都名所 高輪二十六夜待遊興之図』歌川広重（アフロ）

もっと知りたい！ 江戸の暮らし

江戸っ子は肉を食べていた！

日本人が肉を食べるようになったのは、明治以降というイメージが強いですが、実際には江戸時代から鳥類を中心とする肉食が行われていました。やがて猪や鹿などの獣肉を扱う店も増加。肉食をタブー視する風潮に配慮し、「山くじら（鯨）」（右図）などとして提供されました。

『名所江戸百景』歌川広重

宅配サービス

現代のシステムを先取りしていた？ 庶民を支えていた振売りたち

蔦重のポイント解説

江戸は宅配サービスが進んでおり、行商人が野菜から魚、清掃用具まで、さまざまなものを売り歩いていました

宅配サービスの元祖

インターネット社会の現代は食品から日用品まで、あらゆるものを宅配で届けてもらえる便利な時代です。しかし、こうしたサービスは今にはじまったわけでなく、江戸時代にすでに定着していました。むしろ、江戸では今以上に盛んだったといえるかもしれません。

江戸の宅配サービスを支えていたのは振《ふり》売《う》りです。振売りは食品や日用品などを入れた籠《かご》を天秤棒《てんびんぼう》で担ぎ、独特の掛け声をあげながら売り歩く行商人《ぎょうしょうにん》で、棒手振《ぼてふ》りとも呼ばれました。

振売りが取り扱ったものは、食品では野菜、鮮魚、豆腐、醤油、塩、漬物、飴《あめ》、ところてん、納豆、水など50種以上、雑貨では古着、ほうき、傘などが挙げられます。それぞれ市中をまわる季節や時間帯がある程度決まっており、たとえば豆腐売りなら1日3回、食事の前に「と〜ふ〜生揚げ〜がんもどき〜」といいながら登場。暑くなると「蚊帳《かや》ぁ、萌黄《もえぎ》の蚊帳ぁ」の売り声で蚊帳売りが現れ、夏の到来を告げました。

その日暮らしの現実

振売りはわずかな元手で気軽にはじめられることから、参入者が絶えませんでした。そこで幕府は過当競争を防止しようと、許可制にしましたが、あまり効果はなかったようです。

ただし、儲けがよいわけではありません。野菜売りの場合、1日１２００文（3万６０００円）の売上げとして仕入れ代７００文を引くと、純利益は５００文。それを家賃や食費などに支出すれば、手元には70文（２１００円）程度しか残りません。悪天候で仕事に出られない日も多く、その日暮らしが常でした。

いろいろな振売り

豆腐売り

豆腐は江戸っ子の食卓に欠かせない。1日3回、食事前に町に現れた

野菜売り

数種類の野菜を売るのは八百屋、1～2種類なら前栽《せんざい》売りとして区別された

甘酒売り

甘酒は栄養豊富、かつ体力回復に効果のある飲み物として普及した

鰹《かつお》売り

江戸時代にも初鰹は人気があったが、庶民には手が届かないことが多かった

ほうき売り

江戸時代にはシュロや竹のほうきがよく使われ、職人の編んだほうきが売られていた

蚊帳売り

長屋には蚊帳が大量発生したため需要が高く、蚊帳売りの登場が夏の到来を告げた

シャボン玉売り

「玉や玉や」と声をかけながら、子どもたちにシャボン玉を売る

油売り

油を運んできて、客がもつ枡のなかに油を注いでくれる

『守貞謾稿』喜多川守貞（国立国会図書館蔵）

ブランド野菜

多種多様な野菜が十分に流通し、ブランド化もして食卓が豊かに！

蔦重のポイント解説

江戸近郊でさまざまな野菜がつくられ、江戸っ子の食卓に上りました。ブランド化した野菜も多く、贈答品などにも用いられていました

江戸は野菜づくりにぴったり

江戸では宅配サービスが発達しており、振売りが天秤棒を担いでさまざまな食品を運んできました（P114参照）。そのなかに含まれていたのが野菜です。

当時の江戸は100万人以上の人口を抱える一大消費地ですから、全国各地から食品が送られてきていました。しかし、現代のような冷凍設備が存在しなかったため、野菜や果物、魚介類などの生鮮食品は扱いに困ります。そうした事情もあり、近郊の農村で現金収入を得る手段として江戸向けの野菜づくりが活発になったのです。

実は江戸周辺は、野菜栽培に向いていました。地形の変化に富んでいたため、大根、人参、葱《ねぎ》、ゴボウ、レンコン、セリなど、さまざまな野菜がとれたのです。しかも街道や水路の整備が進んでいたことから、生産地から神田《かんだ》・駒込《こまごめ》・千《せん》住《じゅ》の「三大やっちゃば」などの青物市場、そして市中へとスムーズに運搬できました。

海外使節の土産にもなった

野菜づくりが盛んになると、いわゆる「ブランド野菜」まで登場しました。練馬《ねりま》の大根、江戸川の小松菜、谷中《やなか》の生姜《しょうが》などです。

練馬大根は元禄《げんろく》年間（1688～1704年）頃から生産が拡大。煮物用として生のまま出荷されるものに加え、たくあん用の干《ほし》大根として出荷されるものも高い需要がありました。将軍にも献上され、朝鮮通信使にはその種が江戸土産として贈られたほどです。

こうしたブランド野菜が江戸の庶民の食卓を豊かにしていたのです。

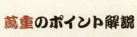

江戸で収穫された主な農産物

板橋
茄子《なす》
駒込
千住
葱
隅田川
練馬
大根
江戸の農産物のなかでとくに有名だったのが練馬の大根。江戸時代中頃からブランド野菜として認識されていた
水に恵まれ、排水がよく、西日が当たりにくい土地柄が葉生姜の栽培に適しており、谷中の特産品となった。江戸っ子は夏の盛りの食欲増進のために谷中生姜を食べたとされる
谷中生姜
谷中
上野
浅草
唐辛子
内藤新宿
江戸城
神田
京橋
江戸近郊で生産された野菜は神田・駒込・千住の3大やっちゃばなどに運ばれ、そこから振売りなどによって市中に届けられた
小松菜
旧江戸川→
ミネラルの多い土壌が小松菜の栽培に向いているといわれる。8代将軍・徳川吉宗が鷹狩りに訪れた際、小松川村の地名から「小松菜」と命名したと伝わる
筍《たけのこ》
目黒
葱
品川
江戸湾

もっと知りたい！ 江戸の暮らし

魚介類の需要も拡大

江戸では魚介類の需要も拡大し続けました。その需要を満たすため、関西の漁民たちが江戸湾沿岸に移住してきて大規模な定置網魚法などで漁獲高を上げていきます。また、品川沖などでは海苔の養殖が盛んになりました。海苔《のり》は浅草で加工され、浅草海苔として人気を集めました。

『江都名所日本ばし』歌川広重（国立国会図書館蔵）

札差

米の換金から高利貸へと転身し、大いに儲けた札差の栄枯盛衰

蔦重のポイント解説

札差は当初は俸禄米の換金代行を生業としていましたが、やがて高利貸をはじめて大いに儲けました

米を換金して手数料を得る

江戸時代特有の商《あきな》いのなかには、札差《ふださし》というビジネスがありました。ひと言でいうと、換金《かんきん》や高利貸《こうりがし》を行う商売です。

当時、幕臣の給金は米で支給されましたが、米のままでは商品を購入できません。米を米問屋に持ち込んで現金化する必要があり、多くの幕臣にとって面倒な作業でした。そこで米の換金業務を代行する札差が重宝がられたのです。

札差は幕臣から手数料をとって儲けとしました。その手数料は、米の受け取り代行の場合は百俵につき金1分（3万円）、米を米問屋に売却する場合は百俵につき金2分（6万円）で、これが札差の収入となりました。

しかし、手数料だけではよい生活ができないので、多くの札差が幕臣を相手に高利貸を営むようになります。札差は困窮した幕臣に対し、俸禄米を担保に金を貸し付け、その利子で稼いだのです。

当初は年利25％でしたが、幕府の圧力もあって20％、さらに18％と引き下げられました。それでも金を借りる幕臣が跡を絶たなかったため、札差は大いに儲けました。

札差に訪れた苦難

札差からの借金を膨らませた幕臣が増えると、幕府は18世紀後半の寛政《かんせい》の改革で借金を棒引きにする棄捐令《きえんれい》を出し、旗本《はたもと》や御家人《ごけにん》の借金を帳消しにするよう、札差に命じました。

さらに19世紀の天保の改革では、無利子年賦返済令を公布します。こうして札差は高利貸で得られる利益を減らしていき、次第に没落することになったのです。

札差の仕事

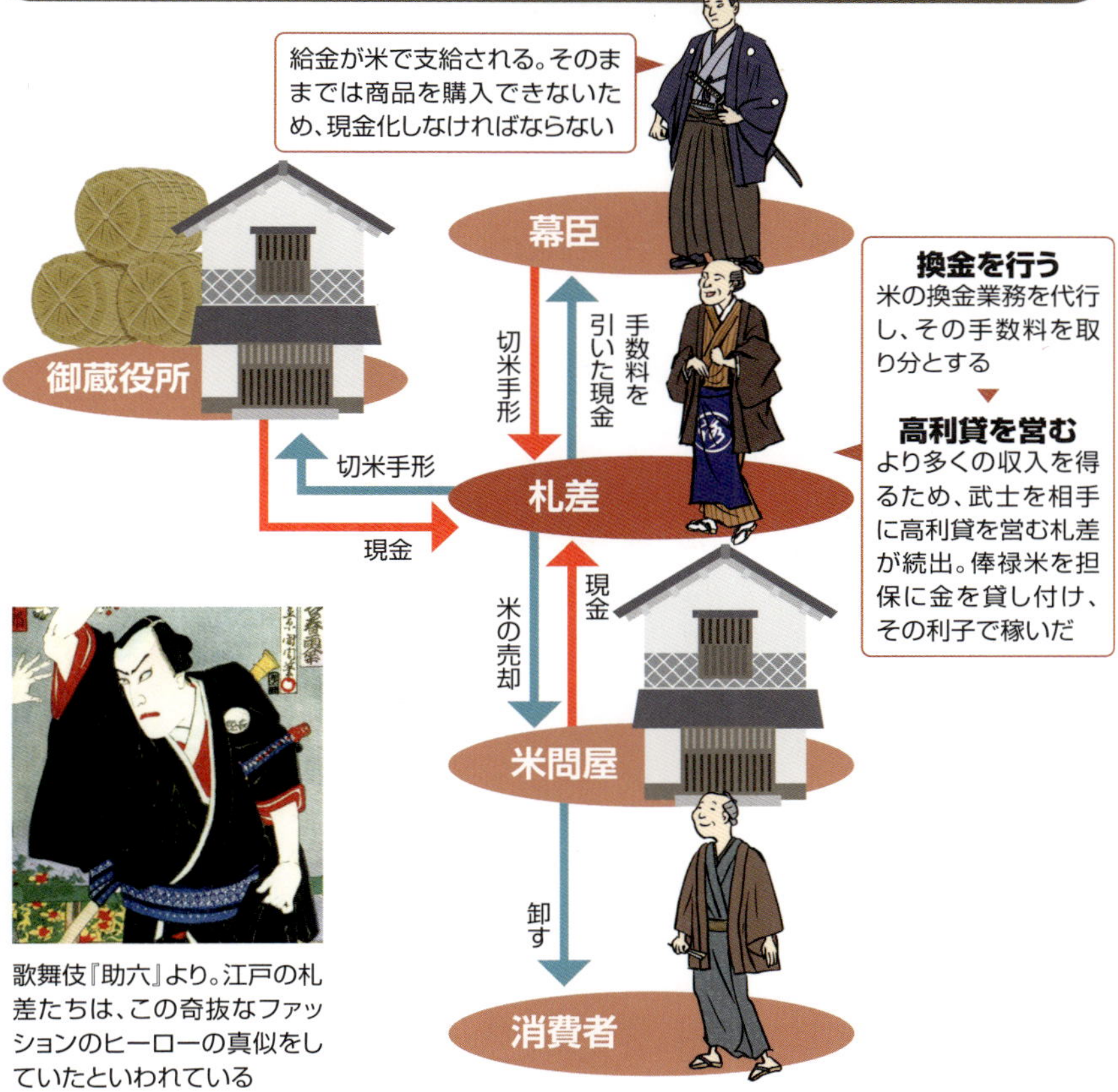
給金が米で支給される。そのままでは商品を購入できないため、現金化しなければならない
幕臣
御蔵役所
切米手形
手数料を引いた現金
切米手形
現金
札差
換金を行う
米の換金業務を代行し、その手数料を取り分とする
高利貸を営む
より多くの収入を得るため、武士を相手に高利貸を営む札差が続出。俸禄米を担保に金を貸し付け、その利子で稼いだ
米の売却
現金
米問屋
卸す
消費者

歌舞伎『助六』より。江戸の札差たちは、この奇抜なファッションのヒーローの真似をしていたといわれている

もっと知りたい！ 江戸の暮らし

武士の内職

江戸時代、支配階級にあった武士は豊かな生活を送っていたと思われるかもしれませんが、それは全体の1割にも満たなかったでしょう。残り9割以上を占める下級武士の懐事情は厳しいものだったのです。そのため、傘張り（右図）や朝顔の栽培、金魚の養殖などの内職で家計を支えていました。

『彩画職人部類』（国立国会図書館蔵）

ゴミ処理
産業

ゴミだらけの町で廃棄物処理が利権化し、糞尿の争奪戦まで勃発！

蔦重のポイント解説

幕府がゴミ処理に厳しく対処したため、ゴミの運搬・処理業者が利権を握って大儲けしました。人間の糞尿の争奪戦も起こりました

ゴミで儲けた人々

江戸で深刻だったのがゴミ問題です。江戸はリサイクルシステム（P64参照）が機能していたため、社会全体である程度までゴミの量を抑えることができましたが、次第に人口が増えて過密化し、処理が難しくなっていきました。

　あふれるゴミを庶民が堀や川、空き地などに捨てていると、幕府はようやくゴミ問題の対処に乗り出し、投棄を禁止するとともに、隅田川河口の湿地帯である永代浦《えいたいうら》をゴミ捨て場に指定しました。

　そして、そうしたなかから新たなビジネスが誕生します。ゴミの運搬・処理業です。

　ゴミの運搬・処理業者は、各町内の集積場にたまったゴミを永代浦までもっていきます。この仕事を請け負った業者は、ゴミを運ぶだけでなく、ゴミの山から再利用できるものを拾って売り払い、収益を得ることができたのです。

糞尿が収入源になった

ゴミの利権は、糞尿《ふんにょう》にまで及びました。人間の糞尿は農作物の貴重な肥料となることから、下肥《しもごえ》業者や農家は先を争うように買い求めました。売り手も跡を絶たず、長屋《ながや》の大家は共同トイレに溜まった住人の糞尿を業者に売り、貴重な収入源としていたのです。

　糞尿にもランクがあり、ふだんからよいものを食べている大名の糞尿が最も栄養価が高いため、最も高値で買い取られました。大名の次が武家、その次が町人です。

　やがて町屋敷や武家屋敷と契約を結び、汲取《くみとり》権を得る業者が現れ、糞尿の争奪戦まで起こりました。

江戸のゴミ捨て場

年	出来事
1648年	ゴミを下水溝に投棄することを禁じる
1649年	ゴミを空き地に捨てることを禁じる
1655年	永代浦をゴミ捨て場に指定する
1662年	ゴミ投棄船による収拾・運搬を実施。永代浦以外へのゴミの不法投棄を禁じる
1663年	ゴミ処理を請け負う業者を指定し、鑑札を発行
1663年	ゴミ収集料金を決める
1730年	越中島を新たなゴミ捨て場に指定する

吉原
永代浦や、越中島などがゴミ捨て場に指定された
浅草
隅田川
本所
神田
江戸城
日本橋
永代浦
越中島
江戸湾

糞尿を介するwin-winの関係

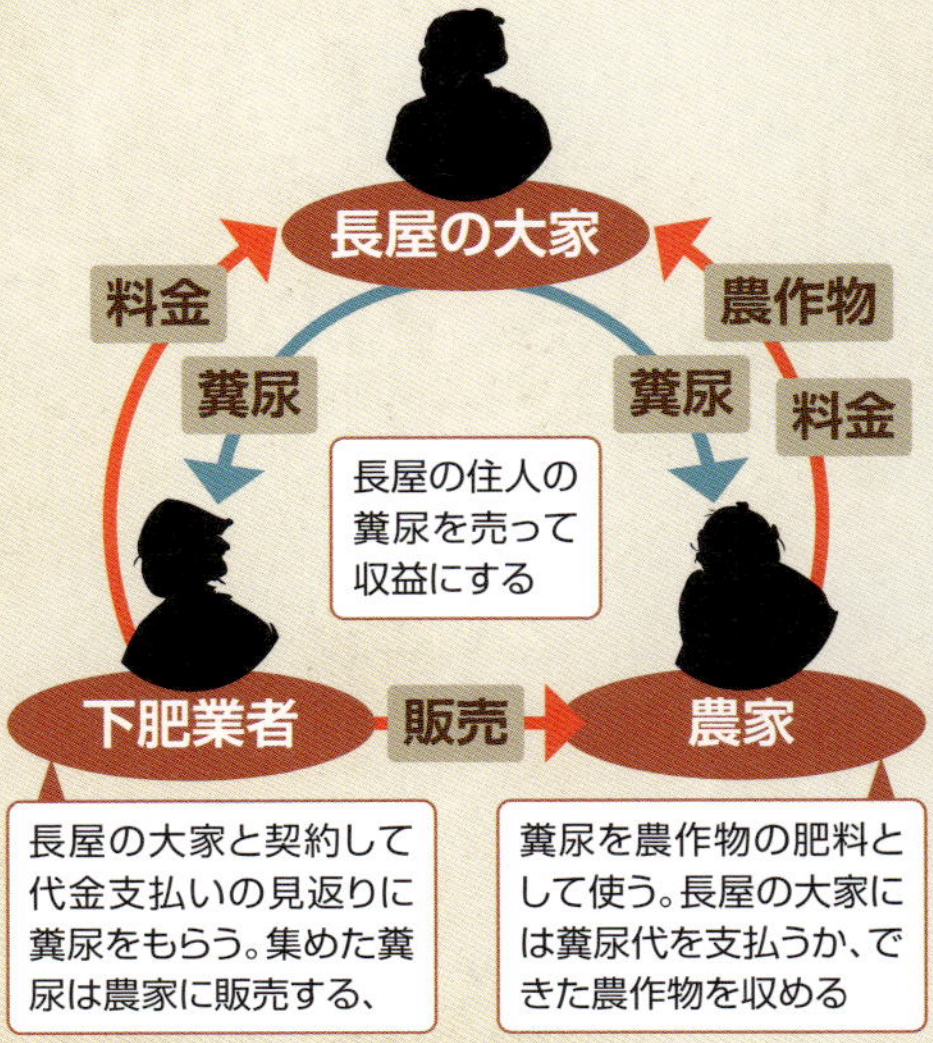
長屋の大家
料金
農作物
糞尿
糞尿
料金
長屋の住人の糞尿を売って収益にする
下肥業者
販売
農家
長屋の大家と契約して代金支払いの見返りに糞尿をもらう。集めた糞尿は農家に販売する、
糞尿を農作物の肥料として使う。長屋の大家には糞尿代を支払うか、できた農作物を収める

『江戸名所道戯盡　廿八 嬬恋こみ坂の景』歌川広景

遊女屋

幕府公認の吉原と非公認の岡場所、隆盛を極めた江戸の遊女商売

蔦重のポイント解説

公許の遊郭・吉原は歌舞伎、相撲と並ぶ江戸の三大娯楽に数えられ、一夜にして膨大なお金が動いていました。深川などにある岡場所では安値で遊女と逢瀬を楽しむことができました

遊郭での厳しい現実

江戸は男性単身者がやたらと多い町です（P112参照）。そのため、彼らを対象にした風俗ビジネスが隆盛を極めました。

江戸の風俗ビジネスといえば、もちろん吉原《よしわら》の遊郭《ゆうかく》です。吉原は幕府公認の遊郭で、妓楼《ぎろう》と呼ばれる遊女屋が軒《のき》を連ねていました。遊女は妓楼の経営者に仲介業者を通じて買われ、教育を受け、先輩遊女の見習いをさせられます。そして客をとれるようになると、年季《ねんき》の10年を勤めることになるのです。

売れっ子になって高級遊女に出世すれば、身《み》請《う》けされて吉原から出られることもあります。しかし実際は、年季が明けても借金を返済できず、引き続き吉原で働く遊女が少なくありませんでした。

庶民が通った非公認の遊女屋

吉原の遊女にはランクがあり、料金もピンキリでしたが、庶民にとっては総じて安くありませんでした。そこで繁盛したのが、吉原より割安の岡場所《おかばしょ》です。

岡場所とは非公認の遊女屋の総称。たとえば五街道《ごかいどう》の宿場である品川宿、内藤新宿、板橋宿、千住宿の旅籠屋《はたごや》には、「宿泊者に給仕する女性」という名目で飯盛女《めしもりおんな》と呼ばれる遊女が置かれていました。また、深川をはじめとする寺社の門前町《もんぜんまち》にも遊女が置かれる傾向がありました。

こうした岡場所は吉原のような堅苦しいしきたりがなく、料金の相場も深川で銀12匁（2万4000円）と吉原の半額以下で遊べました。そのため、庶民の多くは岡場所へ向かったのです。

江戸の遊里

主な岡場所

江戸の遊里は幕府公認の吉原だけでなく、非公認の岡場所が宿場などに存在していた

遊女の一生

身売り
妓楼の経営者が仲介業者を通じて娘を買う。売られる娘は貧しい家の出身者が多かった

禿《かむろ》・新《しん》造《ぞう》
妓楼に買われた娘は10歳前後で禿という雑用係になり、15歳くらいから新造として客をとりはじめた

遊女
吉原ではいわゆる"定年"を「年季明け」といい、それまで客をとり続ける

死亡
長い遊女生活を送る途中で心身ともにボロボロになり、年季を迎える前に亡くなるケースも少なくなかった

年季明け
年季を迎えると自由の身となり、それまで許されていなかった廓の外にでられる。ただし、借金が返済できていない場合、引き続き吉原で働く

身請け
年季を迎える前に客のなかから将来を託せそうな男性と結婚したり、愛人になったりする遊女もいた

もっと知りたい！ 江戸の暮らし

男色を楽しむ陰間茶屋

江戸時代には、主に町人の間で男性による同性愛がみられました。同性愛者向けの風俗店が陰間茶屋《かげまぢゃや》で、若手の売れていない歌舞伎役者が男娼（陰間）として客をとることもありました。陰間茶屋は江戸中期に最盛期を迎え、陰間茶屋街の芳町（現在の日本橋人形町付近）が男色文化の発信地となっていました。

『陰間茶屋』西川祐信

ノミ取り屋、人買い、首斬り役……本当にあった江戸の珍商売

100万人都市の江戸だけに、ニッチな職業も数多くありました。そのうちユニークなものをいくつか紹介しましょう。

まず、江戸時代には猫がペットとして飼われはじめると、ノミの処理が問題視されるようになりました。そのノミを退治するノミとり屋が登場し、1匹1回あたり3文（90円）で対応してくれました。

現代でいう人材派遣業のような仕事もありました。土木工事を行う日雇い労働者や、参勤交代時に大名行列の見栄えをよくするために加わる人足などを手配する業者です。派遣したものが得る報酬の一部を紹介料として徴収するためトラブルになることも多く、忌避される存在でもありました。

人間の「首斬り」を仕事にしている人もいました。当時、罪を犯して死刑となった場合、刀で首を斬り落とされることがありました。この首斬りは基本的に役人が行いますが、人間の首を一太刀で斬るのは簡単ではありません。そこで幕府は、山《やま》田《だ》浅《あさ》右衛《え》門《もん》という者に首斬り役を外注していたのです。

もともと浅右衛門は罪人によって将軍家の新刀の試し斬りを行う浪人で、2代目の吉時が享保年間（1716～36年）に首斬りを拝命して以降、この仕事を代々担うようになりました。当初は浅右衛門のほかにも首斬り役がいましたが、いつの間にか消えて浅右衛門が独占。やがて「首斬り浅右衛門」としてその名を馳せます。

幕府だけでなく、諸家からも試し斬りを依頼され、刀剣鑑定の権威にもなりました。また、払い下げられた罪人の遺体から肝を取り出して薬をつくり、秘伝薬として販売して大儲けしていたともいわれています。

首斬り役の仕事現場

江戸時代年表

西暦	和暦	将軍	出来事
1590	天正18		徳川家康が江戸に入る
1600	慶長5		関ヶ原の戦いで勝利した家康が全国支配を確立
1603	慶長8	初代・家康	江戸幕府がはじまる
1605	慶長10	2代・秀忠	徳川秀忠が2代将軍に就任
1613	慶長18		キリスト教禁止令が出される
1614	慶長19		大坂冬の陣
1615	慶長20		大坂夏の陣。豊臣氏が滅亡する
1617	元和3		幕府が吉原遊郭の開設を許可
1623	元和9	3代・家光	徳川家光が3代将軍に就任
1624	寛永元		猿若座(のちの中村座)ができる
1633	寛永10		鎖国令が出される
1635	寛永12		参勤交代の制度が定まる
1639	寛永16		南蛮船入港禁止により、鎖国が完成する
1651	慶安4		慶安事件。由井正雪が反乱を企図
1651	慶安4	4代・家綱	徳川家綱が4代将軍に就任
1654	承応3		玉川上水ができる
1657	明暦3		明暦の大火。江戸城の天守が焼失
1663	寛文3		江戸・大坂などに定飛脚問屋が成立
1673	延宝元		越後屋呉服店が開店する
1680	延宝8	5代・綱吉	徳川綱吉が5代将軍に就任
1682	天和2		井原西鶴が『好色一代男』を刊行
1684	貞享元		出版取締令が公布される
1687	貞享4		生類憐みの令が出される
1689	元禄2		松尾芭蕉が『奥の細道』の旅へ出発
1703	元禄15		赤穂浪士による仇討ちが行われる
1709	宝永6	6代・家宣	徳川家宣が6代将軍に就任
1713	正徳3	7代・家継	徳川家継が7代将軍に就任

西暦	和暦	将軍	出来事
1716	享保元	8代・吉宗	徳川吉宗が8代将軍に就任
1718	享保3		大岡忠相が町火消を設置
1742	寛保2		公事方御定書が制定される
1745	延享2	9代・家重	徳川家重が9代将軍に就任
1760	宝暦10	10代・家治	徳川家治が10代将軍に就任
1772	安永元		田沼意次が老中となる
1775	安永4		この頃、黄表紙が刊行されはじめる
1787	天明7	11代・家斉	徳川家斉が11代将軍に就任
1787	天明7		松平定信が寛政の改革を行う
1800	寛政12		伊能忠敬が蝦夷地を測量する
1802	享和2		十返舎一九が『東海道中膝栗毛』を発表
1814	文化11		曲亭馬琴が『南総里見八犬伝』を著す
1825	文政8		幕府が諸大名に異国船打払いを指令
1833	天保4		歌川広重が『東海道五十三次』を描く
1833	天保4		天保の大飢饉が発生
1837	天保8	12代・家慶	徳川家慶が12代将軍に就任
1841	天保12		水野忠邦が天保の改革を行う
1853	嘉永6		ペリーが浦賀に来航し、開国を迫る
1853	嘉永6	13代・家定	徳川家定が13代将軍に就任
1854	安政元		日米和親条約を締結
1858	安政5		日米修好通商条約を締結
1858	安政5	14代・家茂	徳川家茂が14代将軍に就任
1860	万延元		大老・井伊直弼が暗殺される
1866	慶応2	15代・慶喜	徳川慶喜が15代将軍に就任
1867	慶応3		大政奉還。幕府が朝廷に政権を返上
1868	慶応4・明治元		戊辰戦争が起こる

主な参考文献

『蔦屋重三郎と田沼時代の謎』●安藤優一郎（PHP 研究所）
『大江戸の娯楽裏事情』●安藤優一郎（朝日新聞出版）
『江戸の色町 遊女と吉原の歴史』●安藤優一郎監修（カンゼン）
『新版 蔦屋重三郎』●鈴木俊幸（平凡社）
『別冊太陽 蔦屋重三郎の仕事』●（平凡社）
『なぜ、江戸の庶民は時間に正確だったのか？』●山田順子（実業之日本社）
『江戸の教養』●大石学編集（KADOKAWA）
『江戸と江戸城』●内藤昌（講談社）
『江戸武士の日常生活』●柴田純（講談社）
『江戸の刑罰』●石井良助（中央公論社）
『江戸の暮らし事典』●河合敦監修（学習研究社）

写真提供

国立国会図書館、東京都立中央図書館、国立歴史民俗博物館、
東京国立博物館、アフロ、PIXTA

P34 下：アフロ
P39 下：アフロ
P103 上：アフロ
P103 下：東慶寺
P113 上左・中左・下右：アフロ

※東京国立博物館所蔵の画像については、ColBase：国立文化財機構所蔵品統合検索システムを利用（https://colbase.nich.go.jp/）

【監修者略歴】

安藤優一郎（あんどう ゆういちろう）

1965年、千葉県生まれ。歴史家。文学博士（早稲田大学）。早稲田大学教育学部卒業、同大学院文学研究科博士後期課程満期退学。「JR東日本・大人の休日倶楽部」など生涯学習講座の講師を務める。主な著書に『蔦屋重三郎と田沼時代の謎』（PHP新書）、『大江戸の娯楽裏事情』（朝日新書）、『徳川時代の古都』（潮新書）、『東京・横浜 激動の幕末明治』（有隣新書）、『15の街道からよむ日本史』（日経ビジネス人文庫）、『新版図解 江戸の間取り』（彩図社）などがある。

【STAFF】
装丁・本文デザイン／柿沼みさと
本文DTP／伊藤知広（美創）
本文イラスト／いわせみつよ
編集／株式会社ロム・インターナショナル

ビジュアル版
一冊でつかむ江戸の町と暮らし

2024年10月20日　初版印刷
2024年10月30日　初版発行

監　修	安藤優一郎
発行者	小野寺優
発行所	株式会社河出書房新社 〒162-8544 東京都新宿区東五軒町2-13 電話 03-3404-1201（営業） 03-3404-8611（編集） https://www.kawade.co.jp/
印刷・製本	三松堂株式会社

Printed in Japan
ISBN978-4-309-62960-5

『見返り美人図』菱川師宣（東京国立博物館蔵）